L'HISTOIRE DES PLUS GRANDS
succès *du* cinéma

L'HISTOIRE DES PLUS GRANDS
succès *du* cinéma

TEXTES
CÉCILE BERGER

Stanké
QUEBECOR MEDIA

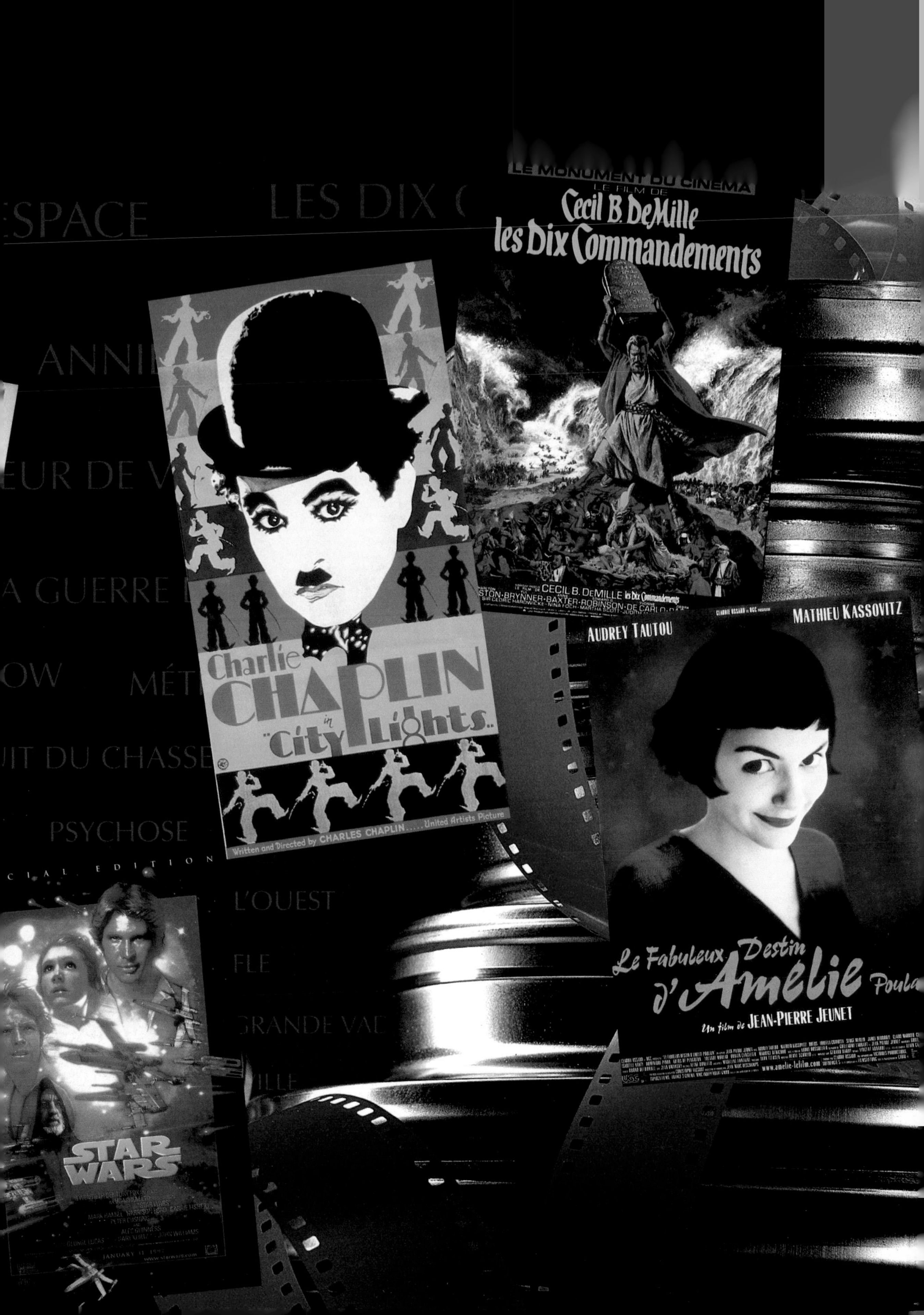

LE MONUMENT DU CINÉMA

LE FILM DE
Cecil B. DeMille
les Dix Commandements

ESPACE

LES DIX C

ANNI

EUR DE V

A GUERRE

OW   MÉT

UIT DU CHASSE

PSYCHOSE

CIAL EDITION

L'OUEST

FLE

GRANDE VA

LLE

Charlie
CHAPLIN
in
"CITY LIGHTS"

Written and Directed by CHARLES CHAPLIN......United Artists Picture

AUDREY TAUTOU   MATHIEU KASSOVITZ

Le Fabuleux Destin
d'Amélie Poula

Un film de JEAN-PIERRE JEUNET

www.amelie-lefilm.com

STAR
WARS

JANUARY 31 19

Sommaire

« *De merveilleux trucages et un humour étonnant dans la parodie de Jules Verne* ».

Guide des films, J. Tulard.

Le Voyage dans la Lune

1902, FRANCE

LE CINÉMA DEVIENT FÉERIE

Avec Le Voyage dans la Lune *en 1902,*
Georges Méliès opère une révolution.
En offrant à voir une histoire fascinante et féerique
qui subjugue un public mondial, il fait passer
le cinématographe du statut de technique
à celui de divertissement. Grâce au génie
de ce créateur, le cinéma se meut en un spectacle
qui deviendra le premier du monde.

Quelle joie pour Georges Méliès, fabricant d'automates et créateurs de spectacles d'illusion, de découvrir l'invention du cinématographe en 1895 : un système qui permet d'animer sous nos yeux un nombre infini de personnages en même temps. Comme un diable bondissant de sa boîte, Méliès propose aux frères Lumière d'acheter leur invention : « Elle n'est pas à vendre », lui répond-on. Apprenant que l'on peut se procurer le matériel à l'étranger, Méliès court à Londres s'équiper. Il montre d'abord à son public du théâtre Robert-Houdin des films américains, puis, les jugeant mauvais, décide d'en réaliser lui-même. Comme les frères Lumière, Méliès utilise dans un premier temps le cinématographe pour illustrer des scènes de la vie quotidienne, comme s'il s'agissait d'un appareil photo amélioré. Mais, très vite, son esprit créatif, son sens du spectacle et quelques accidents de manipulation le portent à passer de la simple représentation d'instants de vie à la mise en scène, domaine que personne avant lui n'avait exploré.

Avec *Le Voyage dans la Lune*, Méliès met définitivement fin au film comme « merveille de la science » et invente un nouveau

Le professeur Barbenfouillis organise une expédition sur la Lune. Ainsi débute la construction d'un canon qui permettra d'envoyer un obus-fusée dans le ciel. Les astronomes (Nostradamus, Alcofrisbas, Micromégas, Parafaragaramus et Oméga), montent à bord de l'obus qui atterrit dans l'œil de l'astre. Après une éruption volcanique sur la Lune, un clair de Terre et une tempête de neige, ils sont enlevés par les Sélénites. Mais les astronomes réussissent à s'évader et regagnent la Terre où ils sont accueillis en héros.

FICHE TECHNIQUE
Conte fantastique réalisé par
Georges Méliès, 13 minutes,
noir et blanc.
Avec : Georges Méliès
(Barbenfouillis), Victor André,
Depierre, Farjaux, Kelm, Brunnet
(membres de l'expédition),
Bleuette Bernon (Phoébé,
la Lune), et des danseurs et
acrobates des Folies-Bergère et
du Théâtre du Châtelet (les
étoiles, les femmes-marins et
les Sélénites).
Scénario : de Georges Méliès,
d'après Offenbach, Jules Verne
et H. G. Wells.
Photographie : Michaut.
Décor : Claudel.
Costume : Jehanne Méliès.
Production : Georges Méliès
(Star Film).

type de spectacle directement concurrent du théâtre, pouvant offrir autant de représentations que ce dernier, dans différents lieux au même moment. « L'idée du *Voyage dans la Lune* me vint d'un livre de Jules Verne intitulé *De la Terre à la Lune*. Dans cet ouvrage, les humains ne purent atterrir sur la Lune […] J'ai donc imaginé, en utilisant le procédé de Jules Verne (canon et fusée), d'atteindre la Lune, de façon à pouvoir composer nombre d'originales et amusantes images féeriques au-dehors et à l'intérieur de la Lune », écrit Georges Méliès en 1933. Mais on sait aussi qu'une opérette d'Offenbach du même nom que le film, ainsi que *Les Premiers Hommes dans la Lune* de H. G. Wells, *Les Aventures du baron de Münchhausen*, de Gottfried August Bürger traduit en français et préfacé par Théophile Gautier, et, sans doute, comme on l'a moins souvent observé, *L'Aventure sans pareille d'un certain Hans Pfaal* d'Edgar Allan Poe ont contribué à l'inspiration de cette histoire, à une époque où les astronomes multiplient les observations de la Lune depuis déjà un siècle.

Mais, plus qu'une adaptation littéraire, la fiction initiée par Méliès est avant tout le lieu d'expression d'un imaginaire facétieux, sous la forme d'un récit fantastique aussi riche et merveilleux que l'étaient ses spectacles de magie. Composé de trente chapitres – dont les mémorables « En plein dans l'œil », « Chute de l'obus dans la Lune – Le clair de Terre », « Le rêve », « La tempête de neige », « Au fond de l'océan »…–, ce film délirant offre à voir des scènes féeriques mêlant absurde et caricature, érotisme et aventure, ouvrant la voie au divertissement en général et au genre de la science-fiction en particulier, plus d'un demi-siècle avant la sortie de *2001 : l'Odyssée de l'espace*. Scénario, décor, acteurs, maquillage, mise en scène, tout est là. Pourtant, l'esthétique de Méliès n'existerait pas sans ses fameux « trucs » qui édifient sa maestria technique et qu'il développe en réalisant cinq cent trois films. En effet, dans *Le Voyage dans la Lune*, on peut voir un « travelling avant », et plusieurs « raccords de mouvements ». Méliès invente donc ce qui deviendra par la suite le « montage », très attaché aux questions de rythme qu'il développe au cours de ses années de pratique du spectacle. C'est ce rythme qui donne au film toute sa virtuosité.

À sa sortie, *Le Voyage dans la Lune* bouleverse le marché de l'exploitation cinématographique. Vendu au prix de 10 000 francs pour être ensuite projeté aussi bien dans les foires que dans les

salles de spectacle, le film connaît un extraordinaire succès en France comme en Amérique, où il sera malheureusement abondamment copié par Edison qui le distribua à son profit. Georges Méliès, avec *Le Voyage dans la Lune*, influence tous les pionniers qui ont contribué à faire du cinéma un spectacle. Inspirant par la suite les plus grands cinéastes, de Lang à Kubrick, il fut le premier à comprendre que le cinématographe pouvait faire rêver.

Un soir de 1931, invité à participer à un banquet de trois cents couverts, Georges Méliès, retiré de l'industrie du cinématographe et ruiné, mit ses plus beaux vêtements, quittant quelques heures sa boutique de jouets pour se rendre au dîner. Au dessert, un dénommé Louis Lumière – qui avait prédit une courte vie au cinéma – lui accrocha une Légion d'honneur sur la poitrine et lui dit : « Je salue en vous le créateur du spectacle cinématographique. »

GEORGES MÉLIÈS

1861 : naissance de Georges Méliès.

1886 : après un parcours comme dessinateur, il se produit comme illusionniste au cabinet fantastique du musée Grévin.

1888 : devient propriétaire de l'illustre théâtre Robert-Houdin où ses spectacles magiques et féeriques font salle comble tous les soirs.

1895 : première représentation publique du cinématographe Lumière.

1896 : *Une partie de cartes*, premier film d'une production pléthorique de cinq cent trois films.

1899 : *Cendrillon*, premier long-métrage.

1914 : sa maison de production, « Star Film », fait faillite.

1924 : ne pouvant concurrencer Pathé, Gaumont ou Éclair, Méliès devient un modeste marchand de jouets à la gare Montparnasse jusqu'à sa retraite en 1932.

1938 : mort de Georges Méliès à Paris.

«…*Comme chantent les machines au milieu d'admirables transparences arc-de-triomphées par les décharges électriques ! Toutes les cristalleries du monde, décomposées romantiquement en reflets, sont arrivées à se nicher dans les canons modernes de l'écran.* » Luis Buñuel.

Metropolis

1927, ALLEMAGNE

CE MONSTRE, LA VILLE

En réalisant Metropolis, *Fritz Lang
met au monde un monstre. Conçu en 1925 par
le studio allemand la* UFA *pour être « le plus grand
du monde », le film est une œuvre d'une puissance
et d'une virtuosité folles. Sacre de l'image,
sa perfection et sa démesure visuelles marquent
à coup d'apocalypse l'achèvement d'un monde
au moins: celui du cinéma muet.*

Relevant pourtant du genre de la science-fiction, *Metropolis*, de Fritz Lang, est davantage un film réaliste sur la période des années 1920 en Allemagne qu'un film futuriste ou visionnaire. « Mon nouveau film essaie de saisir le rythme bourdonnant du progrès inouï de la civilisation », dit Lang en 1925. Mais, en se faisant la voix de son temps, l'artiste, féru d'architecture – sa première formation –, annonce malgré lui les structures d'un avenir proche.

On ne peut pas comprendre *Metropolis* si l'on ne se souvient pas qu'entre 1919 et 1925 l'Allemagne connaît une inflation extraordinaire, accentuant avec excès l'écart entre les différents niveaux de vie. Alors que les minorités privilégiées se sont considérablement enrichies, les humbles travailleurs s'enfoncent dramatiquement dans la misère.

D'autre part, comme dans beaucoup de pays industrialisés, la courbe démographique ne cesse de progresser. En deux ans, la population urbaine dépasse la population rurale et, comme l'a noté Claude-Jean Philippe : « Le monde est entré dans l'âge des foules, sans rien connaître de ses lois. Voilà le vrai sujet de *Metropolis*. » En faisant ce film, Lang s'interroge donc sur ce

Metropolis, la ville de l'avenir, est dirigée par le despote John Fredersen. Divisée en deux, la ville sépare les maîtres des travailleurs en deux zones. Un jour, Maria pénètre les jardins du fils de Fredersen. Grâce à la jeune femme, Freder découvre la ville du bas et ses esclaves. Il décide alors de défendre les travailleurs et d'épouser Maria. Mais, pour l'en empêcher, Fredersen fait construire un robot, sosie de Maria, qui crée le désordre au sein des ouvriers.

que doit être la ville à son époque : un espace qui ne peut se réduire à la division d'un espace en deux. Mais, pour Lang, cette réflexion reste sans solution : le chant de Maria sur la fraternité universelle est inepte et le scénario bien naïf. Auteur d'une réelle performance sur le plan artistique et esthétique, il semble que Lang en soit resté au stade de sa première émotion pour ce qui est de la réflexion et du propos : la stupeur.

C'est en effet stupéfait en voyant New York pour la première fois en 1924 qu'il songe à faire *Metropolis* : « Les bâtiments m'apparaissaient comme un rideau vertical, miroitant, très léger, un opulent fond de scène suspendu à un ciel sombre pour éblouir, distraire et hypnotiser. La nuit, la ville donnait exclusivement l'impression de vivre : elle vivait comme vivent les illusions. Il fallait que je fasse un film sur ces impressions. » Mélange d'émotion et de terreur, la découverte est immense sur le plan esthétique, empreinte de ce caractère apocalyptique propre aux grandes villes. Mais cet attrait pour l'expression d'une démesure chaotique n'existe pas seulement chez Lang. La pression latente de la foule, l'emportement de la ville, la perte des repères, l'absence de perspective, le mélange entre les populations, les contrastes sociaux « criards » incitent les artistes de cette époque au lyrisme et à l'outrance. N'oublions pas que nous sommes en pleines Années folles et que tous les grands films de cette période expriment une explosion sur le plan formel : *Le Cuirassé Potemkine* d'Eisenstein, *Napoléon* d'Abel Gance, *Faust* de Murnau...

L'industrie allemande elle-même encourage ce « déchaîne-ment » artistique en le finançant et en l'organisant, jusqu'à som-brer avec lui. À cette époque, l'entreprise, dominante, est fana-tique de nouvelles techniques, de faste et de sophistication. La UFA, grand groupe cinématographique allemand, et l'un des plus importants centres de production au monde, accompagne alors Lang dans son projet comme on donne tous les moyens à un architecte de construire une cathédrale, avec la dose d'inspi-ration et de mégalomanie que cela suppose. Le metteur en scène passe alors dix-sept mois à illustrer sa vision de la lutte des clas-ses dans une ville futuriste. Pendant ces dix-sept mois, La *UFA* organise une énorme campagne de communication qui permet à toute la presse écrite de donner, en chiffres, des nouvelles de l'a-vancée du film : 36 000 figurants dont 750 enfants et 100 Noirs, 1 100 chauves, plus de 500 gratte-ciel, 1,3 million de mètres de pellicule, 1,6 million de reichsmarks consacrés aux salaires… Le décorateur Otto Hunte consacre des mois aux maquettes représentant le complexe de gratte-ciel de *Metropolis*, les centai-nes d'automobiles et d'avions futuristes ainsi que la nouvelle tour de Babel censée mesurer 500 mètres de haut. Aenne Will-komm, la créatrice de costumes, s'éreinte à trouver une « théorie des couleurs cinématographiques » dont elle a besoin pour créer et fabriquer ses costumes pour le noir et blanc. Estimé à 1,5 million de marks, le film en coûtera 5,3 au final.

Taxé de véhiculer un antisémitisme ordinaire (à travers le personnage juif du savant fou par exemple), on a aussi dit du film qu'il annonce le système concentrationnaire nazi. Hitler, en le voyant, s'écrie : « Voilà l'homme qui nous donnera le cinéma qu'il nous faut », et Goebbels de proposer à Lang le poste très important de la direction du cinéma allemand. Le cinéaste répond alors : « Ma mère a des parents juifs. » « Nous le savons, M. Lang ! Ce qui est juif et ce qui ne l'est pas, c'est nous qui décidons », lui répond Goebbels. Lang accepte, mais quitte l'Al-lemagne le soir même pour Paris, avant de rejoindre New York (et plus tard Hollywood). Tout est à recommencer là où tout avait commencé.

FICHE TECHNIQUE
Film de science-fiction réalisé par Fritz Lang, 2 heures (version actuelle), noir et blanc.
Avec : Brigitte Helm (Maria et le robot), Alfred Abel (John Fredersen), Gustav Fröhlich (Freder), Rufolf Klein-Rogge (Ratwang), Heinrich George (le chef d'équipe).
Scénario : Thea von Harbou.
Photo : Karl Freund, Günther Rittau.
Décors : Otto Hunte, Karl Volbecht, Erich Kettelhut.
Musique : K. Eifers, Gottfried Huppertz/version teintée et sonorisée de 1984 : Giorgio Moroder.
Effets spéciaux : Eugen Schufftan.
Production : UFA.

« Les Lumières de la ville *furent un succès mondial.*
Charlot restait le seul, l'unique, l'inimitable, l'indestructible ;
pour tout dire, son génie comique était au zénith. »

Le Canard enchaîné, 17/02/1972.

Les Lumières de la ville

« *CITY LIGHTS* »

1931, ÉTATS-UNIS

UN GÉNIE COMIQUE NOMMÉ CHARLOT

Alors que le cinéma parlant triomphe, Chaplin met toute son énergie à maintenir en vie son célèbre personnage de vagabond, Charlot. À sa sortie en 1931, trois ans après le début d'un tournage extravagant, Les Lumières de la ville, *film muet, est ovationné par le public du monde entier. À sa ressortie en 1950, quand le muet appartient déjà à une époque ancienne, l'ardeur du public n'a pas faibli.*

Année 1927, le cinéma sonore en est à ses balbutiements. « Je me trouvais à New York quand un ami me dit qu'il avait assisté à des essais de synchronisation du son avec l'image ; il me prédit que ce procédé n'allait pas tarder à révolutionner toute l'industrie cinématographique », se souvient Chaplin, alors très sceptique. « Je n'y repensai que des mois plus tard, quand les Warner Brothers produisirent leur première séquence parlante. C'était un film en costumes, montrant une très ravissante actrice déchirée silencieusement par quelque immense chagrin, ses grands yeux langoureux exprimant une angoisse dépassant de loin l'éloquence de Shakespeare. Puis brusquement un nouvel élément se trouvait introduit dans le film : le bruit qu'on entend quand on porte à son oreille un coquillage. La ravissante princesse parlait alors comme à travers du sable : "J'épouserai Gregory, même si je dois pour cela renoncer au trône." C'était un choc terrible, car jusqu'alors nous étions fascinés par la princesse. À mesure que le film avançait, le dialogue devenait de plus en plus drôle, mais pas autant que les effets sonores. Quand la poignée de la porte du boudoir tournait, j'avais l'impression que quelqu'un venait

Un vagabond rencontre une jolie fleuriste, aveugle, qui le prend pour un riche client. Il sauve un millionnaire suicidaire qui voit en lui un ami. Sous l'influence de l'alcool, son ami millionnaire lui donne une somme importante, provoquant les soupçons de la police qui le prend pour un voleur. Avant d'être jeté en prison, il parvient à donner la somme à la fleuriste qui pourra se faire soigner. Une fois libre et plus pouilleux que jamais, il découvre que la jolie fleuriste n'est plus aveugle et accepte la pièce et la fleur qu'elle lui offre.

de mettre en marche un tracteur agricole, et quand la porte se refermait, on aurait cru la collision de deux camions chargés de madriers. Au début, on ne savait pas contrôler le son : un chevalier errant en armure était aussi bruyant à lui tout seul qu'une aciérie, un simple dîner de famille faisait penser à l'heure de pointe dans un petit restaurant, et le bruit de l'eau qu'on versait dans un verre ressemblait à une sorte de gamme qui remontait le clavier jusqu'au contre-ut. Je quittai la salle, persuadé que les jours du cinéma sonore étaient comptés. » Mais tout bascule du jour au lendemain avec la sortie du film sonore et musical *The Broadway Melody*. Le film est un tel succès commercial que le processus, enclenché, ne fera plus jamais machine arrière. Est-ce cette avancée technique irrémédiable, menace pour l'art de la pantomime, qui fait que, pour la première fois, Charlot est un héros amer, conscient de sa détresse ?

Charlot a changé. Alors que les premiers films montrent un héros qui accepte ses malheurs, commandés par une poisse coriace, conjugaison de naïveté et de mauvais sort, *Les Lumières de la ville* mettent en scène un personnage au bord de la disgrâce qui, comme ultime sauvetage, choisit de se « raconter des histoires » pour repousser un peu plus le moment vertigineux de la prise de conscience. Il sait que la jeune fille aveugle aime quelqu'un d'autre à travers lui, il sait que le millionnaire ne lui manifeste son amitié que lorsqu'il est ivre. L'alcool et la cécité sont ici deux producteurs de mensonges : dessaoulé, le millionnaire ne reconnaît pas l'ami qui lui a sauvé la vie ; guérie, l'aveugle ne voit devant elle qu'un vagabond des rues. Mais tant pis ! Ces deux mensonges, Charlot les entretient volontairement car ils alimentent un temps son bonheur. Et, pour notre bonheur, ils nous font partager une fois de plus sa grandeur au travers du don de soi. Car, en permettant à l'aveugle de se soigner, Charlot crée l'arme qui l'achèvera. Comme l'a noté Pierre Leprohon : « Le cheminement du film est à l'inverse des précédents. Au lieu de partir du réel pour s'en évader, il part du rêve, de l'illusion pour retomber dans le réel, dans une fin sans issue, la plus tragique de toutes, celle de l'homme qui est au bout du désespoir et qui veut surmonter son désespoir. » Mais cette gravité extrême des *Lumières de la ville,* qui fait voyager Charlot du haut au bas de l'échelle sociale en suscitant autant de mépris que d'indifférence chez ceux qu'il rencontre, n'exclut pas pour autant le burlesque. Toutes les scènes étant reliées entre elles par ce thème de

CHARLIE CHAPLIN
1889 : naissance de Charles Chaplin à Londres, de parents artistes de music-hall.
1894 : monte sur scène pour la première fois pour remplacer sa mère malade le temps d'une chanson.
1897 : commence une sérieuse carrière dans le music-hall dans *The Eight Lancaster Lads.*
1910 : première fois à New York en tournée.
1913 : signe pour faire partie de la troupe de Mack Sennett qu'il quitte un mois après pour Hollywood. Joue pour la première fois au cinéma dans *Making a Living.*
1914 : joue dans trente-cinq films cette année-là. Charlot devient le personnage le plus connu du monde.
1921 : réalise un premier long-métrage, *The Kid,* après cinquante et un courts-métrages ou moyens-métrages.
1936 : *Les Temps modernes.*
1940 : *Le Dictateur.*
1947 : *Monsieur Verdoux.*
1957 : *Un roi à New York.*
1977 : meurt de sa belle mort à Vevey, Suisse.

l'inadaptation au monde, Chaplin peut laisser s'exprimer sa verve comique. Et c'est non sans ironie qu'il donne toute sa mesure à une scène « sonore » dans son film muet, la fameuse scène du sifflet : saoul, Charlot s'amuse à souffler comme un enfant dans un sifflet et soudain l'avale. Resté en travers de sa gorge, il retentit à chacun de ses hoquets…

Il a fallu trois ans à Chaplin pour aller au bout de son film, consacrant un an exclusivement au tournage. C'est dans le confort qu'il cherche la plus belle expressivité de chaque scène, et convainc par là même que le muet a toujours une raison d'ê-tre. Un métrage de pellicule égal à cent cinquante fois celui du film définitif fut impressionné, un budget de 2 millions de dollars, des mois passés pour obtenir le geste ou la mimique la plus juste… Chaplin crée une pantomime des plus économiques dans l'opulence. Quand le film est enfin prêt, personne n'en veut. Un théâtre de New York se lance. La première s'y passe bien et, le lendemain, l'agent de Chaplin débarque brusquement dans sa chambre : « Mon vieux ça y est ! lui lance-t-il. Quel succès ! Depuis 10 heures du matin, les gens font la queue tout autour du pâté de maisons, et ça bloque la circulation. Il y a une dizaine de flics qui essaient de maintenir l'ordre. Les gens se battent pour entrer. Et je voudrais que vous les entendiez hurler ! »

Les Lumières de la ville restèrent à l'affiche douze semaines, rapportant plus de 400 000 dollars de bénéfices nets. Après un tel succès, pourquoi arrêter ? *Les Temps modernes* (1936) furent le dernier des films muets de Charles Chaplin.

FICHE TECHNIQUE
Mélodrame réalisé par Charlie Chaplin, 1 h 27, noir et blanc, muet.
Avec : Charlie Chaplin (le vagabond), Virginia Cherrill (la jeune aveugle), Harry Myers (le millionnaire), Florence Lee (la grand-mère), Allan Garcia (le valet de chambre), Hank Mann (le boxeur), Henry Bergman (le portier), Albert Austin (un voleur), Albert Austin (un balayeur).
Scénario : Charlie Chaplin.
Photo : Rollie Totheroh, Gordon Pollock, Mark Marlatt.
Décors : Charles D. Hall.
Musique : Charlie Chaplin, José Padilla.
Montage : Charlie Chaplin.
Production : Charlie Chaplin, United Artists.

« La Grande Illusion *est un grand film humain qui fait honneur non seulement au cinéma français mais à l'idéologie française.* »

L'Humanité, 16/06/1937.

La Grande Illusion

1937, FRANCE

L'ÉCOLE DE LA FRATERNITÉ

Un des films français les plus connus, La Grande Illusion
*est le plus important succès commercial de l'œuvre
de Jean Renoir et aussi le plus célèbre. En 1937,
l'année de sa sortie, Roosevelt se le fait projeter à
la* Maison-Blanche *et déclare que « tous les démocrates
du monde doivent voir ce film ».*

« Une des raisons qui me poussaient à faire de cette histoire un film, raconte Renoir, était mon irritation devant la manière dont étaient traités la plupart des sujets de guerre. Pensez donc ! La guerre, l'héroïsme, le panache, les poilus, les Boches, les tranchées, que de motifs à l'utilisation des plus lamentables clichés […] À part *À l'Ouest rien de nouveau*, je n'étais jamais tombé sur un film me donnant une peinture vraisemblable des combattants. Ou bien on sombrait dans le drame et on ne sortait pas de la boue, ce qui était tout de même exagéré. Ou bien la guerre devenait un décor d'opérette pour héros d'image d'Épinal. » En 1915, Jean Renoir, après avoir fait partie d'un bataillon de chasseurs alpins, rejoint l'escadrille d'armée C64. Chargé d'embarquer un photographe qui doit rapporter des clichés d'un site allemand, il est régulièrement attaqué par des avions ennemis. Son avion n'étant pas équipé pour se battre et pas assez rapide pour s'enfuir, un chasseur français vole systématiquement à sa rescousse, faisant toujours fuir l'assaillant et volant assez près pour que Renoir puisse voir son visage et admirer ses grandes moustaches. L'homme qui lui sauve la vie s'appelle Pinsard, le chef

Vers 1916, l'avion dans lequel le lieutenant Maréchal et le capitaine Boïeldieu se trouvent est abattu par celui du commandant Rauffenstein. Les deux captifs français sont envoyés dans un camp de prisonniers où ils partagent la chambrée avec des compatriotes de tous horizons. Parmi eux, Rosenthal, couturier et fils de banquier, Cartier, un acteur, un ingénieur du cadastre, un professeur cocu… Ils creusent un tunnel mais, changés de camp, ils ne pourront pas s'évader. Enfermés dans une forteresse, Maréchal et Rosenthal pourront enfin s'enfuir grâce au sacrifice de Boïeldieu…

FICHE TECHNIQUE
Comédie dramatique réalisée
par Jean Renoir, 1 h 53,
noir et blanc.
Avec : Jean Gabin (Maréchal),
Pierre Fresnay (capitaine de
Boïeldieu), Erich von Stroheim
(capitaine von Rauffenstein),
Marcel Dalio (Rosenthal), Julien
Carette (l'acteur), Dita Parlo
(Elsa), Jean Dasté (l'instituteur),
Georges Péclet (un officier),
Jacques Becker (un soldat
anglais).
Scénario : Charles Spaak,
Jean Renoir.
Photographie : Christian
Matras.
Décors : Eugène Lourié.
Costumes : René Decrais.
Son : Joseph de Bretagne.
Musique : Joseph Kosma.
Montage : Marguerite Houllé.
Production : Raymond Blondy
(RAC).

de l'escadrille de chasse la plus proche. Vingt ans plus tard, lorsque Renoir tourne *Toni* sur les bords de l'étang de Berre, il est gêné dans son travail par le bruit d'avions trop curieux qui volent au-dessus de sa tête. Il décide donc de se plaindre auprès du commandant de la base qui, à sa grande stupéfaction, s'avère être Pinsard. L'homme est devenu un général ultradécoré grâce aux nombreux avions qu'il a abattus pendant la guerre. Fait prisonnier à plusieurs reprises, il réussit à s'évader sept fois !

C'est donc à partir de ce fait réel que Renoir conçoit la trame de *La Grande Illusion :* « une banale histoire d'évasion », le tremplin qui lui manquait et qui va servir de cadre à l'expression de ses idées : parler de la fraternité des hommes au-delà des frontières politiques en insistant sur le fait que la division du monde en nations est pour lui un système dépassé. « Mon sujet principal était l'un des buts vers quoi je tends depuis que je fais des films, à savoir la réunion des hommes », confie-t-il. L'idée de la solidarité supranationale prend évidemment toute sa mesure en période de guerre quand se retrouvent mêlés des hommes, des femmes, de classes et de nationalités différentes : Boïeldieu et Rauffenstein, aristocrates et officiers tous deux, deviennent amis alors que le contexte les définit comme ennemis ; à l'inverse, Maréchal, ouvrier mécanicien, et son compatriote et compagnon d'infortune Boïeldieu, séparés l'un de l'autre par les codes sociaux, auront du mal à communiquer : « Une cigarette Maréchal ?, propose Boïeldieu. – Non merci, le tabac anglais me fait mal à la gorge.

– Ah ! décidément... le tabac, les gants... tout nous sépare ! » Pourtant, cela ne les empêche pas d'exprimer une réelle courtoisie et un profond respect l'un envers l'autre, et ce sont de ces marques de considération présentes à tous les niveaux de l'histoire que naît l'intensité du film ainsi que la poignante émotion qu'elle provoque : l'invitation à déjeuner par Rauffenstein des soldats qu'il a abattus en vol, le partage de ses denrées par Rosenthal, l'hospitalité de la paysanne allemande aux deux évadés, l'harmonica que le geôlier allemand offre au prisonnier Maréchal, jusqu'au sacrifice de Boïeldieu.

Cette « illusion » dont parle le titre n'est donc pas seulement celle de l'utilité de la guerre, ni celle d'une communication possible entre individus de différentes classes sociales, mais bien celle qui consiste à croire, qu'un jour, l'harmonie et la paix universelle seront possibles. Enfin, cette « illusion » est aussi un peu celle de Renoir : « Je me leurrais sur la puissance du cinéma. *La Grande Illusion* n'a pas arrêté la Seconde Guerre mondiale. »

Ce film pour lequel Renoir chercha un financement pendant trois ans rapporta trois fois son coût à la fin de la première année d'exploitation en salle. *La Grande Illusion,* œuvre idéaliste et pacifique – malgré une rude censure qui, après avoir accusé le film d'« entreprise de démoralisation », après l'avoir amputé de dix-huit minutes, tenta de détruire son négatif –, est primé à Venise et New York en 1937, et classé dès 1958 parmi les douze meilleurs films du monde.

JEAN RENOIR
1894 : naît à Paris. Second fils du peintre Auguste Renoir et de Gabrielle Renoir.
1914 : réussit l'examen préparatoire de l'École de cavalerie de Saumur.
1915 : part à la guerre dont il revient boiteux.
1919 : mort de son père.
1925 : *La Fille de l'eau.*
1932 : *Boudu sauvé des eaux.*
1935 : *Toni.*
1936 : *Une partie de campagne, Les Bas-Fonds.*
1938 : *La Bête humaine.*
1939 : *La Règle du jeu.*
1941 : part aux États-Unis.
1951 : *Le Fleuve.*
1952 : *French Cancan.*
1959 : *Le Déjeuner sur l'herbe.*
1979 : meurt à Beverly Hills, Californie.

« *Il se dégage de toute l'œuvre de Renoir un art de vivre qui est un art du regard ; l'œuvre de Renoir brouille toutes les cartes et nous enseigne à ne plus rien juger, à comprendre qu'on ne peut rien comprendre.* »

François Truffaut.

« Autant en emporte le vent *est beaucoup plus qu'un film,*
un jalon, un signal qui décrit un temps révolu où les coups
de cœur se voulaient éternels et les amours, même les plus
absurdes cherchaient leur justification. »

Le Figaro, 17/04/1985.

Autant en emporte le vent

« *GONE WITH THE WIND* »

1939, ÉTATS-UNIS

LE TRIOMPHE DU ROMANTISME AMÉRICAIN

*Adapté du plus important succès en librairie
après la Bible,* Autant en emporte le vent,
*film aux dix oscars 1939, fut conçu avec autant
d'excès et de passion que l'histoire qu'il retrace.
Avec ce film, David O. Selznick, génie extravagant,
fut le premier producteur de Hollywood à conduire entièrement la création d'un tel monument,
dont il est l'unique maître d'œuvre.*

L e 7 juillet 1936, six semaines après la sortie du roman, qui fait un tabac en librairie, David O. Selznick acquiert les droits d'adaptation du livre de Margaret Mitchell pour 50 000 dollars. Patron, avec Darryl Zanuck, de la célèbre Century Fox, Selznick, qui commença dans le métier comme auteur, est à cette époque le plus littéraire des producteurs d'Hollywood, et si la création du film doit revenir à une seule personne, c'est bien à lui. Contrairement aux autres producteurs, Selznick intervient à toutes les étapes du film en s'investissant totalement, ce qui est perçu dans le milieu comme une bizarrerie. Avec *Autant en emporte le vent,* Selznick trouve enfin une histoire à la mesure de son goût pour le monumental et le grandiose. Personnage à la fois indécis et excessif, Selznick va consacrer trois ans, de l'automne 1936 à l'été 1939, à l'écriture du scénario, employant onze scénaristes différents, sans compter la demi-douzaine qu'il consulte gratuitement. Tout ce travail repose dans quatre armoires, pleines des versions revues et annotées par le producteur, de scénarios révisés, de scènes ajoutées et imaginées par les auteurs successifs. Mais, pour finir, la construction du récit et les dialogues restent fidèles au roman.

Géorgie, 1861. Scarlett O'Hara, jeune et belle aristocrate du sud des États-Unis, élevée dans le domaine familial de Tara, est amoureuse d'Ashley qui lui-même est promis à Melanie, la cousine de Scarlett. La guerre qui oppose le Sud au Nord éclate, et Scarlett épouse Charles, le frère de Melanie, qui meurt au combat. Comme elle l'a promis à Ashley, Scarlett prend soin de Melanie qu'elle rapatrie avec son bébé à Tara, dévasté. Veuve à nouveau, Scarlett finit par épouser le séduisant Rhett avec qui elle ne cesse de se déchirer, la perte de leur enfant ne faisant qu'accentuer leurs meurtrissures.

VICTOR FLEMING
1883 : naissance de Victor Fleming, qui deviendra coureur automobile puis opérateur sur des films de Griffith et Dwan avant de réaliser quarante-sept films.
1920 : *Cauchemars et Superstitions,* premier film comme réalisateur dans lequel il dirige Douglas Fairbanks.
1929 : *The Virginian.*
1932 : *La Belle de Saigon.*
1934 : *L'Île au trésor.*
1939 : *Le Magicien d'Oz.*
1941 : *Docteur Jekyll et Mister Hyde.*
1948 : *Jeanne d'Arc.*
1949 : Victor Fleming meurt d'une crise cardiaque à Cottonwood en Arizona.

Quand Margaret Mitchell refuse d'adapter elle-même son œuvre à l'automne 1936, Selznick fait appel à Sidney Howard, scénariste indépendant et grand auteur dramatique extrêmement respecté (prix Pulitzer pour *They Knew What They Wanted*), qui ouvre le chantier de cette genèse gigantesque, avant d'être rappelé plusieurs fois par Selznick pour remettre la main à la pâte. Touchant au total la somme de 84 834 dollars, il sera au final le seul auteur crédité au générique du film, tout simplement parce qu'il fut le premier à trouver la mouture la plus viable. Margaret Mitchell, elle, pensait que l'adaptation de son roman était impossible : « J'ai mis dix ans à en tisser les fils en un maillage aussi serré qu'un mouchoir de soie. Qu'on coupe ou qu'on tire sur un seul fil, et un horrible défaut apparaîtra au revers du tissu. Or, s'ils veulent un scénario, ils seront obligés de couper ; mais dès qu'ils commenceront à couper, ils se trouveront devant des problèmes techniques dont ils n'ont pas la moindre idée. » Selznick prélève ses pages préférées des scénarios de Howard, les réécrit ou les complète avant, éventuellement, de les faire retravailler par d'autres. Si c'est au producteur que l'on doit la fin du film – Scarlett revient à Tara, escortée par les voix de son père, d'Ashley et de Rhett–, ainsi que la place prépondérante attribuée à Tara, domaine qui symbolise le mythe du vieux Sud, c'est à Howard que revient la simplification des personnages, les sept parties du récit et la suppression du flash-back. Howard fut récompensé par un oscar, mais jamais il ne put venir le chercher ni même voir le film fini puisqu'il mourut broyé, dans sa ferme du Massachusetts, par un tracteur, le 23 août 1939, à l'âge de quarante-huit ans.

La force d'instinct de Selznick lui fait croire que le film perdrait en puissance si le rôle de Scarlett devait être interprété par une star. George Cukor, cinéaste préféré de Selznick, avec qui il avait déjà fait six films, est alors payé 4 000 dollars la semaine pour chercher à travers le monde des acteurs et leur faire passer des bouts d'essai. Alors que le public réclame à l'unanimité Clark Gable dans le rôle de Rhett, c'est Vivien Leigh, comédienne britannique de théâtre, qui est choisie pour interpréter Scarlett. Elle incarne à la fois cette beauté et cette force de caractère dont fait preuve l'héroïne. Le 26 janvier 1939, lorsque le tournage commence enfin, avec George Cukor derrière la caméra, Selznick a déjà dépensé 869 000 dollars pour le film. Ni le scénario ni les décors (3 kilomètres de rues et cinquante-trois

bâtiments grandeur nature construits derrière le studio, entre autres) ne sont finis. Trois semaines plus tard, le producteur congédie Cukor pour faire appel à Victor Fleming, qu'il considère comme plus à même d'exécuter ses idées. Le tournage s'achève plus de neuf mois plus tard. C'est une aventure sans précédent. Au final, on reconnaît que 55 % du film a été tourné par Fleming. William Cameron Menzies, choisi comme directeur artistique, dirigea plusieurs séquences de montage en accéléré, la séquence de l'incendie, et une grande partie des scènes de foule à Atlanta ainsi que celle du périple épuisant de Scarlett à travers les rues de la ville. Sam Wood, qui remplaça Fleming pendant deux semaines, tourna les scènes de vie de Scarlett avec son second mari, celles avant la naissance de Bonnie Blue Butler et une grande partie des scènes entre Scarlett et Ashley après la fin de la guerre. Même si Fleming retourna toutes les scènes réalisées par Cukor, on conserva finalement une partie de celles tournées par le réalisateur initial.

Selznick, à qui le film coûta plus de 2 millions de dollars, fut aussi le grand gagnant de cette entreprise, gigantesque d'un bout à l'autre. Ce film aux couleurs de feu, de fougue et de passion fut un succès phénoménal : en 1956, après qu'il fut plusieurs fois ressorti, on pouvait chiffrer à 100 millions le nombres de spectateurs qui avaient vu ce chef-d'œuvre, dont la longévité reste inégalée.

FICHE TECHNIQUE

Drame romantique et historique réalisé par Victor Fleming, assisté de Sam Wood et George Cukor, 3 h 40, couleurs.
Avec : Vivien Leigh (Scarlett O'Hara), Clark Gable (Rhett Butler), Olivia de Havilland (Melanie Hamilton), Leslie Howard (Ashley Wilkes), Hattie MacDaniel (Mammy), Thomas Mitchell (Gerald O'Hara), Barbara O'Neil (Ellen Robillard O'Hara), Laura Hope Crews (tante Pittypat Hamilton), Harry Davenport (Dr. Meade), Ona Munson (Belle Walting), Evelyn Keyes (Suellen O'Hara), Butterfly McQueen (Prissy), Eddie Anderson (oncle Peter), Jane Darwell (Maybelle Merriwether), Victor Jory (Jonas Wilkerson), Yakima Canutt (soldat renégat), George Reeves (Brent Carleton), Fred Crane (Stuart Carleton).
Scénario : Sidney Howard, d'après le roman de Margaret Mitchell.
Photographie : Ernest Haller, Lee Garmes, Ray Rennahan, Wilfrid M. Cline (Technicolor).
Décors : William Cameron Menzies, Lyle Wheeler, Joseph B. Platt, Edward G. Boyle.
Costumes : Walter Plunkett.
Musique : Max Steiner.
Montage : Hal C. Kern, James E. Newcorn.
Production : David O. Selznick (MGM).

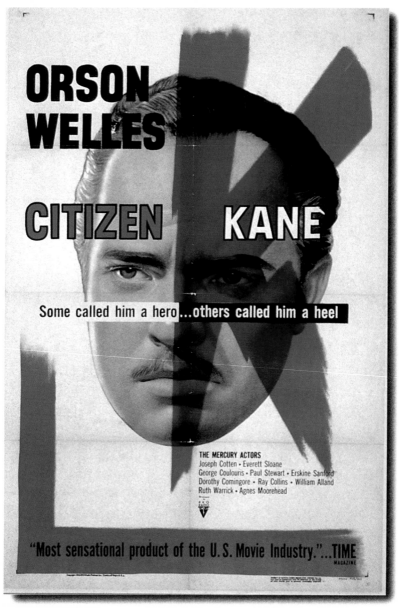

« *On trouve dans* Citizen Kane *un échantillonnage complet de tout ce que les metteurs en scène et opérateurs [...] ont découvert depuis vingt ans. Le génie d'Orson Welles est d'avoir su se servir admirablement de ces trouvailles...* »

Libération, 02/07/1946.

Citizen Kane
1941, ÉTATS-UNIS

UN CHEF-D'ŒUVRE

Chef-d'œuvre maudit, Citizen Kane *fait chavirer
en 1941 le cours de l'histoire du cinéma.
Son réalisateur, Orson Welles, un jeune génie
de vingt-six ans à qui Hollywood donne
tous les pouvoirs, passe en l'espace d'un an
de l'adoration à la détestation et devient, dès lors,
un « dieu vivant » du cinéma.*

« **S**avez-vous que j'ai toujours beaucoup aimé Hollywood ?
Le problème, c'est que ce n'est pas réciproque. » Orson
Welles, qui n'a que vingt-six ans quand il réalise son
premier film, *Citizen Kane*, a déjà derrière lui une carrière de peintre, d'acteur, de journaliste, de directeur de
compagnie théâtrale, de magicien et d'homme de radio. Il est
remarqué sur les ondes par l'émission « The Mercury Theater on
the Air », qu'il produit et réalise avec John Houseman et dans
laquelle, un soir, il terrifie la nation américaine en mettant en
scène une invasion de Martiens. Cette pure mystification, dans
laquelle Welles inaugure l'usage de la narration à la radio, a un
impact très fort sur le public qui croit à l'événement. Du coup,
Hollywood voit en Welles un génie qui a le don de captiver (si ce
n'est d'ensorceler) un très large public et ne jure que par lui.

Le studio de production la RKO lui fait alors signer un
contrat encore jamais obtenu par un réalisateur : gros salaire,
droit d'être à la fois scénariste, interprète, réalisateur, producteur et enfin pouvoir de décider du montage final de ses films.
« Pour *Kane*, j'ai eu le meilleur contrat qui ait jamais existé, dit
Welles en 1970. Personne n'avait le droit de venir sur le plateau.

Juste avant de mourir, le
milliardaire Charles Foster Kane
prononce le mot énigmatique de
« Rosebud » (« bouton de rose »).
Le directeur des actualités
cinématographiques envoie alors
l'un de ses reporters enquêter.
Le journaliste Jerry Thompson
reconstitue le puzzle de la vie de
Kane au travers des témoignages
du tuteur du jeune Charles, de son
ami et collaborateur, de sa seconde
épouse et de son majordome. Mais
il ne découvrira pas la vérité, et il
conclura son enquête par ces mots :
« Charles Foster a toujours eu ce
qu'il voulait, et l'a perdu. Peut-
être que ce "Rosebud" est quelque
chose qu'il n'a jamais obtenu, ou
quelque chose qu'il a perdu, mais
cela n'aurait rien expliqué… ».
Seul le spectateur se voit offrir
la clef du mystère.
À lui d'en extraire la symbolique.

FICHE TECHNIQUE

Comédie dramatique réalisée par Orson Welles, 1 h 59, noir et blanc.

Avec : Orson Welles (Charles Foster Kane), Joseph Cotten (Jedediah Leland), Everett Sloane (Bernstein), Dorothy Comingore (Susan Alexander-Kane), George Coulouris (Walter Park Thatcher), Agnes Moorhead (Mary Kane), Paul Stewart (Raymond), Ruth Warrick (Emily Norton-Kane), Ray Collins (James Gettys), William Gelland (Jerry Thompson), Paul Stewart (Raymond, le majordome), Fortunio Bonanova (le maître de chant).

Scénario : Herman J. Mankiewicz, Orson Welles, John Houseman.

Photographie : Gregg Toland.

Décors : Van Nest Polglase, Perry Ferguson, Darrell Silvera.

Costumes : Edward Stevenson.

Musique : Bernard Herrman.

Montage : Robert Wise, Mark Robson.

Production : RKO/Mercury Theater Production (Orson Welles).

Personne ! [...] Si je n'avais pas eu un tel contrat, ils m'auraient arrêté dès le début, vu la nature du script. »

Le personnage de Charles Foster Kane, qu'interprète Welles dans le film, s'inspire librement d'un magnat de la presse de l'époque, Randolph Hearst, un milliardaire très puissant. Le tableau qu'en fait le film montre un homme qui, héritier accidentel d'une mine d'or et enlevé dès son plus jeune âge à sa famille pour être élevé par un tuteur, mourra après avoir échoué sur tous les plans. Imposant physiquement, opulent, entouré, Kane ne fait pourtant jamais preuve de profonde générosité. Il finit seul et médiocre dans son immense château de Xanadu. Le personnage de Leland, son ami et collaborateur (Joseph Cotton), dit de lui : « Kane voulait de l'amour mais n'en avait pas à donner. »

Une fois terminé, *Citizen Kane* attire alors les foudres de la censure. Le négatif du film, menacé d'être brûlé, est sauvé in extremis par un stratagème de Welles, qui confia à Peter Bogdanovitch : « Il y avait une projection pour Joe Breen, le chef de la censure à l'époque, qui devait prendre la décision de brûler la pellicule ou non. Les autres studios avaient versé des pots-de-vin pour qu'il disparaisse. [...] Tout le monde disait "inutile de chercher les ennuis, brûlons-le, tout le monde s'en fiche. Ils en encaisseront la perte.". » J'avais un chapelet que j'avais mis dans ma poche et, à la fin de la projection, sous le nez de Joe Breen, un bon catholique irlandais, je l'ai fait tomber par terre en disant : « Oh, excusez-moi. » Et je l'ai remis dans ma poche. Sans ce geste, c'en aurait été fini de *Citizen Kane*. » Hearst aussi s'oppose à la sortie du film et fait pression sur les distributeurs pour qu'il ne soit pas diffusé. On peut lire dans un article du

New York Times de l'époque : « *Citizen Kane*, film controversé s'il en est... a été vendu à la chaîne Fox-West Coast, filiale de l'organisation du National Theater, mais il ne sera projeté dans aucune des cinq cent quinze salles de la côte Pacifique, des États des Rocheuses et du Middle West, qui pourtant le paieront. La raison de cette générosité reste obscure mais, quels qu'en soient les motifs, cet accord n'a fait que porter la fureur d'Orson Welles à de nouveaux sommets... » Les pressions s'exercent de partout, et Welles, victime des distributeurs – eux mêmes coincés entre les menaces de la censure s'ils diffusent le film et celles de la RKO qui pourrait bien ne plus jamais retravailler avec eux s'ils refusent de l'acheter –, tente de sauver son film une dernière fois. Il propose alors des projections sous chapiteau dans toute l'Amérique et annoncerait le film comme celui « que vous ne verrez jamais dans votre salle préférée ». Mais les producteurs refusent.

Un an après avoir été au sommet, Welles a fait perdre 150 000 dollars à la production et tous ses privilèges lui sont confisqués. Et, en février 1942, le film est sélectionné aux oscars dans neuf catégories. Il remporte celui du meilleur scénario.

Avec le temps, le chef-d'œuvre s'est avéré bien plus fort que les tempêtes dirigées contre lui. D'une beauté captivante, *Citizen Kane* est aujourd'hui considéré comme le plus grand film de l'histoire du cinéma. Totalement innovant sur le plan dramatique pour l'époque, une photo magnifique, des cadrages tout-à-fait originaux, des comédiens d'une impressionnante finesse, le premier film de Welles a inspiré un nombre considérable de carrières et a ouvert les yeux des spectateurs : on ne regarde plus un film de la même manière avant et après *Citizen Kane*.

« En pillant Hollywood pour s'assurer la meilleure technique et les meilleurs techniciens, Welles essayait de faire LE film qui résumerait tous les films et lui érigerait un monument immortel. C'est cette folle et juvénile présomption qui conférera toujours à Citizen Kane *la verve de sa séduction. »*

Joseph Mc Bride.

ORSON WELLES

1915 : naissance d'Orson Welles à Kenosha, Wisconsin, d'un père inventeur et d'une mère musicienne.

1924 : mort de sa mère. Voyage à travers le monde avec son père. Déjà des dons remarquables pour la musique, la comédie, la peinture et la magie.

1934 : comédien dans la Compagnie de Katherine Cornell où il se consacre principalement à Shakespeare. Premier court-métrage. Débuts à la radio.

1938 : produit « The Mercury Theater on the Air », émission de radio.

1941 : *Citizen Kane*.

1942 : *La Splendeur des Amberson*.

1948 : *Macbeth, La Dame de Shangai*. S'exile en Europe.

1952 : *Othello*.

1955 : *Monsieur Arkadin*.

1958 : *La Soif du Mal*.

1963 : *Le Procès*.

1985 : meurt à Hollywood, Californie.

« Casablanca *est 1e premier film consacré à la gloire
de la Résistance française, fabriqué, imaginé, tourné
et interprété par Hollywood…* »

L'Aurore, 21/05/1947.

MICHAEL CURTIZ

Casablanca

1943, ÉTATS-UNIS

UN FILM CULTE

Conçu dans un grand désordre, Casablanca
*ne prend pas forme sous les meilleurs auspices.
Casting hésitant et scénario incertain, rien ne laisse
prévoir que le film deviendra un chef-d'œuvre mythique,
un film culte, le film américain peut-être le plus célèbre.
Mais du chaos finit par surgir la clarté, celle
de la blancheur de Casablanca, celle de la beauté
d'un film foisonnant, laissant éclater, sur l'écran,
toute la force d'un grand cinéaste et le brillant
de comédiens surprenants.*

Le 12 janvier 1941, Hal B. Wallis, qui travaille sous l'autorité de Jack Warner, achète pour 20 000 dollars les droits d'adaptation de *Everybody Comes to Rick's*, une pièce de Murray Burnett et Joan Alison, qui n'a jamais été jouée. Le lecteur de la Warner Bros la recommande au producteur en y mettant ces annotations : « Excellent mélodrame. Haut en couleur, moderne, riche en atmosphère, en suspense et en conflits psychologiques. » Wallis fait donc circuler la pièce et les avis se contredisent : chaque lecteur y voit un film différent, et la viabilité du projet est même remise en question. Bref, aucune idée forte ne semble se détacher du lot. Après avoir confié l'adaptation à Aeneas MacKenzie puis à Wally Kline, Wallis change vite son fusil d'épaule et refile le bébé aux frères (jumeaux) Epstein : de vrais « techniciens » du scénario, célèbres pour leur esprit et leur humour. Il rêve de William Wyler comme réalisateur, pensant sûrement que ses origines alsaciennes lui confèrent une légitimité face au sujet. Mais comme le projet ne provoque aucune réaction de la part de Wyler, on contacte Vincent Sherman, un bon réalisateur de studio, qui reste muet lui aussi. Wallis approche Michael Curtiz qui

En 1941, un grand nombre de réfugiés venus de toute l'Europe transitent par Casablanca avant de tenter leur chance pour rejoindre l'Amérique. Il y a là un café américain, tenu par un homme désabusé et secret, Rick Blane (Humphrey Bogart) qui déclare ne se « mouiller pour personne » jusqu'à ce qu'apparaisse Ilsa (Ingrid Bergman), une femme qu'il a follement aimé.

MICHAEL CURTIZ

1888 : naissance en Hongrie de Mihaly Kertesz.

1912 : débute comme acteur et comme réalisateur.

1914 : *Bank Ban*, troisième film comme réalisateur et premier grand succès commercial. En Hongrie, il réalise plus d'une cinquantaine de films entre 1912 et 1917.

1926 : s'installe à Hollywood (où il devient Michael Curtiz et accède à une renommée internationale) après avoir vécu en Autriche et en Allemagne où il a tourné vingt-quatre films. *The Third Degree*, premier film américain.

1933 : *Masques de cire*.

1935 : *Capitaine Blood*.

1936 : *La Charge de la brigade légère*.

1938 : *Les Aventures de Robin des bois*. Est naturalisé américain.

1942 : *La Glorieuse Parade*.

1944 : *Passage to Marseille*.

1954 : *L'Égyptien*.

1958 : *Bagarre au King Créole*.

1962 : meurt à Hollywood où il réalisa plus d'une centaine de films.

répond qu'il déteste ce type d'histoire. C'est Howard Hawks qui est donc chargé de la préparation du film. Un jour, Curtiz croise Hawks, qui semble très mal luné, au studio : « J'ai un film musical à faire et cela ne m'excite pas du tout. » « Eh bien, moi, c'est pareil, répond Curtiz, j'ai une histoire de *hillbillies* [péquenots des montagnes] à tourner et je n'en ai jamais rencontré ! ». Hawks propose alors d'échanger. Et c'est comme cela que Hawks fait *Sergent York* et que Curtiz se retrouve aux manettes de *Casablanca* que Hawks croyait être un film musical…

Le 5 janvier 1942, le service de presse de la Warner annonce que ce sont Dennis Morgan, Ann Sheridan et Ronald Reagan (dans le rôle de Laszlo) qui seront les vedettes du film. Mais rien de tout cela ne se concrétise. Curtiz demande qu'on fasse faire un test à Michèle Morgan. Finalement, on pense à Ingrid Bergman, sous contrat chez les concurrents de la Century Fox . Le tournage, prévu au départ pour avril, est repoussé à mai, et Wallis arrive à convaincre Selznick de lui prêter Ingrid Bergman en échange d'Olivia de Havilland. Après que George Raft eut refusé le rôle de Rick, Curtiz évoque Bogart. Jack L. Warner rétorque alors : « Qui voudrait embrasser un visage comme le sien ? Qui voudrait embrasser Bogart ? » quand la douce voix de Bergman répond simplement : « Moi ».

Pendant tout ce temps, le scénario n'a pas beaucoup avancé. Les frères Epstein, partis à Washington pour travailler avec Frank Capra sur un film commandé par l'armée, ont du mal à pondre une histoire convaincante. Il est donc évident que le tournage va commencer sans scénario définitif. Devant une telle panique, Wallis engage, à une semaine du tournage, Howard Koch pour prendre le relais des Epstein, ce qui engendre des relations très compliquées entre le producteur, le réalisateur et les différents auteurs. Et comme le projet ne semble pas vouloir côtoyer la simplicité, on fait appel à un quatrième puis à un cinquième auteur. Ce dernier, Casey Robinson, s'attachera à renforcer l'intrigue amoureuse. Le tournage qui avait commencé le 25 mai 1942 s'interrompt, puis reprend. Robinson doit écrire dans une immense cacophonie les scènes du lendemain. Personne ne sait alors quel film est en train de se faire. Personne ne connaît la fin ! Ingrid Bergman doit jouer son personnage sans savoir si elle va partir avec Rick ou Victor ! « C'était ridicule, note-t-elle. Affreux. Michael Curtiz ne savait pas ce qu'il devait faire […]. Humphrey Bogart était très mécontent et se retirait dans sa loge. Et chaque fois que je cherchais à savoir si je devais être amoureuse de Paul Heinred ou de Humphrey Bogart, Curtiz me répondait : "On ne sait pas encore. Jouez entre les deux…" » Et c'est sûrement cet « entre-deux » qui donne autant de crédibilité au personnage d'Ilsa dont l'ambiguïté nous trouble tout le temps du film.

Le montage terminé, l'infernal capharnaüm que fut la fabrication du film disparaît derrière le film lui-même, qui est une perfection. Sans l'expérience et la sensibilité de Michael Curtiz – qui a tourné chaque scène avec un soin immense, même quand il ne sait pas où il va –, jamais le chef-d'œuvre ne se serait révélé. Adaptant systématiquement sa caméra aux comédiens, insistant sur les contrastes du noir et du blanc, donnant sa mesure au caractère cosmopolite du film, faisant résonner tous les genres présents dans le scénario, il est parvenu à doter le film d'une dimension sacrée. Si l'Amérique apparaît comme une terre promise, le bar de Rick est alors une sorte de purgatoire dont seuls les purs peuvent sortir, faisant ainsi peser sur les personnages un « fatum » auquel ils ne peuvent échapper. De Bogart – qui sort du registre du *Faucon maltais* – surgit alors l'humanité dans toute sa faiblesse ; de Bergman – qui devient une star – émane le halo de la sagesse. *Casablanca*, né dans le désordre d'une étrange création, demeure un joyau du cinéma de Hollywood dont la beauté miraculeuse, presque figée, est restée curieusement intacte. Il reçoit l'oscar du meilleur film en 1943.

FICHE TECHNIQUE
Drame réalisé par Michael Curtiz, 1 h 42, noir et blanc.
Avec : Humphrey Bogart (Rick Blaine), Ingrid Bergman (Ilsa Lund), Paul Heinred (Victor Laszlo), Claude Rains (capitaine Louis Renault), Conrad Veidt (major Strasser), Sydney Greenstreet (Señor Ferrari), Peter Lorre (Ugarte), S. Z. Sakall (Carl), Madeleine Lebeau (Yvonne), Dooley Wilson (Sam), John Qualen (Berger), Marcel Dalio (le croupier).
Scénario : Julius J. et Philip G. Epstein, Howard Koch, Casey Robinson (non crédité) d'après la pièce de Murray Burnett et Joan Alison *Everybody Comes to Rick's*.
Photographie : Arthur Edeson.
Décors : Carl Jules Weyl.
Musique : Max Steiner.
Montage : Owen Marks.
Production : Hal B. Wallis (Warner Bros).

« *Le film est une réussite plastique par la beauté des décors* *[...], de la photographie [...]. Mais c'est aussi un drame* *haletant, poétique, satirique, vigoureusement réaliste.* *Tous les genres s'y mêlent, sauf l'ennuyeux... »*

L'Aurore, 20/03/1945.

Les Enfants du paradis

1945, FRANCE

LA VÉRITÉ DES SENTIMENTS

Monument du cinéma français,
Les Enfants du paradis, *film de Marcel Carné,*
grande figure du septième art,
fait chevalier des Arts et des Lettres en 1991,
est une œuvre d'un équilibre majestueux
faite pour l'éternité.

On a souvent classé les films de Carné en deux catégories : ceux écrits avec Prévert, considérés comme des chefs-d'œuvre (*Drôle de drame*, *Le Quai des brumes*, *Le jour se lève*, *Les Visiteurs du soir*, *Les Enfants du paradis*), et les autres, qui jouissent d'un moins grand prestige. Pourtant l' « Atmosphère, atmosphère » d'*Hôtel du Nord* est une réplique aussi célèbre que « T'as de beaux yeux tu sais », « Personne ne m'aime », « Vous avez dit bizarre » ou « Garance, c'est le nom d'une fleur »… À dire vrai, on est autant marqué par les mots que par les intonations, les timbres de voix et les expressions des acteurs qui les prononcent magnifiant la force de leurs personnages. Même si le génie de l'auteur Prévert est indéniable, même si la force des auteurs Carné et Prévert a créé des miracles (dont le « réalisme poétique »), c'est le grand ordonnateur du passage du texte à l'image, le metteur en scène, qui opère cette transmutation créatrice dans laquelle il fait preuve de précision, de justesse de mesure et d'homogénéité, pour créer le drame et l'émotion. Rendons donc à Marcel Carné ce qui revient à Marcel Carné et n'oublions pas que tout ce que l'on voit dans ses films a été voulu par lui.

Dans la première partie, « Boulevard du Crime », la foule s'amasse boulevard du Temple pour assister à de nombreux spectacles de rue, comme celui du comédien Frédéric Lemaître ou du mime Baptiste Deburau, amoureux de la belle et vénéneuse Garance, elle même convoitée par le bandit Lacenaire.
Dans la deuxième partie, « L'homme en blanc », Deburau s'est marié à Nathalie et Garance au comte de Montray que Lacenaire, jaloux, assassine. Pendant le carnaval, le mime et Garance se déclarent leur amour. Mais Garance laisse Baptiste à Nathalie.

MARCEL CARNÉ

1906 : naissance de Marcel
Carné, fils d'ébéniste, à Paris.
1929 : gagne un concours
de critique, devient journaliste
de cinéma.
1934 : assistant à la mise en
scène sur *Le Grand Jeu*
de Jacques Feyder.
1930 : réalise un court
documentaire : *Nogent, Eldorado
du dimanche.*
1936 : premier long-métrage
comme réalisateur : *Jenny.*
1937 : *Drôle de drame.*
1938 : *Le Quai des brumes.*
1939 : *Le jour se lève.*
1942 : *Les Visiteurs du soir.*
1953 : *Thérèse Raquin.*
1958 : *Les Tricheurs.*
1976 : *La Bible.*
1996 : meurt à Clamart.

Année 1942, le rideau s'ouvre. Le comédien Jean-Louis Barrault rencontre à Nice Prévert et Carné qui sont en quête d'un sujet de film. Barrault leur raconte l'histoire du mime Deburau qui, boulevard du Crime, tua d'un coup de canne un poivrot parce qu'il venait d'insulter la maîtresse qu'il avait à son bras. Le jour où il comparaît devant les tribunaux, tout le monde accourt pour entendre enfin la voix du mime. Alors que Barrault est fou de pantomime, le sujet ne passionne pas Prévert qui est en revanche plus attiré par un autre personnage contemporain, le poète assassin Lacenaire. Carné, lui, est très intéressé par l'évocation du boulevard du Crime, nom donné au boulevard du Temple à cause du grand nombre de théâtres populaires qui y jouaient des mélodrames. L'un des principaux acteurs en était Frédéric Lemaître. Tandis que Prévert se concentre sur une intrigue, Carné va à Paris, au musée Carnavalet, pour trouver iconographie et documentation. « Ça venait si bien, dit Carné, qu'on s'aperçut que la matière était fort riche, le film risquait de dépasser la longueur habituelle. Nous avions non seulement à raconter une histoire mettant en scène de nombreux personnages mais encore, puisque nous disions que certains d'entre eux avaient du talent et même du génie, nous devions les montrer dans l'exercice de leur métier. Cela prenait beaucoup de métrage et il n'était pas exagéré de penser que le film durerait deux heures et demie, voire plus. » André Paulvé, le producteur, demande alors s'il est possible à Carné de faire deux films. Carné accepte à condition qu'à Paris les deux *opus* ne soient projetés qu'en une seule fois.

ACTE II. Parce qu'ils sont juifs, Alexandre Trauner, le chef décorateur, et Joseph Kosma, le musicien, travaillent incognito au film, et vivent cachés au prieuré des Valettes dans la maison où habitent Jacques Prévert, ainsi que le peintre et créateur de costumes Mayo et Carné qui viennent s'y installer. Tout le monde travaille alors ensemble au même film qui se construit sous forme d'œuvre collective. Trauner : « On vivait avec Prévert, Kosma, Mayo… un peu aux crochets de Jacques. Pour gagner quelque chose, je ramassais des escargots le matin que je vendais au car de 10 heures. Ça me laissait le temps d'aller discuter au prieuré des Valettes, où il y avait une porte derrière qui permettait de partir dans les oliveraies, si des voitures arrivaient. » Après quelques frayeurs dues à l'emploi du temps de Jean-Louis Barrault qui doit jouer *Le Soulier de satin* à la Comédie-Française en même temps que le tournage du film, le calendrier est rétabli. Les premières séquences que l'on tourne, le 17 août 1943, sont celles de la pension de Mme Hermine, aux studios de la Victorine à Nice, pressentis pour devenir le Hollywood français. Mais les Américains débarquent en Sicile. Les Italiens demandant l'armistice, ils sont aussitôt considérés comme ennemis des Allemands. Une partie du financement du film étant romain (Scalera/Discina), le tournage est interrompu, les décors abandonnés et Paulvé interdit d'activité professionnelle.

ACTE III. Pathé reprend le projet, mais, à la Victorine où est construit grandeur nature le fameux boulevard du Crime, un violent orage a endommagé le décor : 35 tonnes d'échafaudages, 350 tonnes de plâtre, 67 500 heures de travail sont partis en fumée. Il faut tout réparer avec astuce et efficacité à une époque où la moindre vis est récupérée. Pour simplifier la situation, les Allemands interdisent de tourner la nuit. À partir de mars 1944, l'équipe est rapatriée à Paris et le film est présenté le 9 mars 1945.

Épilogue. Depuis cette date, le film a toujours connu un immense succès, même lorsque, dans les années 1960-1970, il n'était pas de bon ton d'apprécier Carné. Cette magnifique fresque qui dit que l'amour est impossible et que le bonheur se mérite est l'un des films français les plus populaires. Le rideau se ferme sur les cœurs désespérés des personnages qu'on a du mal à dissocier des acteurs qui les incarnent, et sur la collaboration Carné-Prévert qui ne retravailleront plus jamais ensemble après.

FICHE TECHNIQUE

Drame romantique en deux époques réalisé par Marcel Carné, 3 h 02, noir et blanc.
Avec : Arletty (Garance), Jean-Louis Barrault (Baptiste Deburau), Pierre Brasseur (Frédéric Lemaître), Marcel Herrand (Lacenaire), Maria Casarès (Nathalie), Louis Salou (le comte Édouard de Montray), Pierre Renoir (Jericho), Jane Marken (Mme Hermine), Fabien Loris (Avril), Gaston Modot (l'aveugle), Robert Dhéry (Célestin).
Scénario : Jacques Prévert.
Photo : Roger Hubert.
Décors : André Barsacq, Raymond Gabutti, Alexandre Trauner.
Musique : Maurice Thiriet, Joseph Kosma, Georges Mouqué.
Montage : Henri Rust, Madeleine Bonin.
Production : Raymond Borderie, Fred Orain.

« La Belle et la Bête *est une transposition réussie d'un conte de fées, c'est une œuvre génératrice de beauté, d'une qualité plastique parfaite, d'un goût rarement pris en défaut.* »

La Dernière Heure, 27/12/1946.

La Belle
et la Bête

1946, FRANCE

POÉTIQUE ET MAGIQUE

Avec La Belle et la Bête, *chef-d'œuvre intemporel,*
le poète Jean Cocteau signe en 1946 ce qu'il appelle
« le premier poème en images ». Adapté du fameux
conte de Mme Leprince de Beaumont, ce film est
un enchantement visuel ou chaque plan rappelle
que le cinéma tient de la magie.

« L'Enfance croit ce qu'on lui raconte et ne le met pas en doute. Elle croit qu'une rose qu'on cueille peut attirer des drames dans une famille. Elle croit que les mains d'une bête humaine qui tue se mettent à fumer et que cette bête en a honte lorsqu'une jeune fille habite sa maison. Elle croit mille autres choses bien naïves. C'est un peu de cette naïveté que je vous demande et, pour nous porter chance à tous, laissez-moi vous dire quatre mots magiques, véritable "Sésame, ouvre-toi" de l'enfance : il était une fois », écrit Jean Cocteau à l'intention du spectateur en prégénérique du film.

Il était une fois, donc, un poète, qui, un jour de Noël, venait de terminer l'écriture d'une pièce de théâtre. Il cherche un titre. Il pense à *Azraël* (l'ange de la mort), mais c'est déjà pris. Il propose *La mort écoute aux portes*, puis *La Belle et la Bête*. Mais, à l'annonce de ce dernier titre, son ami comédien Jean Marais s'écrie : « J'aimerais tant que tu fasses un film avec la Belle et la Bête. » La pièce finit par s'appeler *L'Aigle à deux têtes*, et Cocteau, le poète, s'attelle à l'écriture d'un nouveau scénario. Cocteau possède un moulage en bronze d'une œuvre de Gustave

Belle, la fille d'un marchand ruiné, perpétuellement humiliée par ses sœurs, demande à son père de lui ramener une rose. Perdu dans un domaine, le père cueille la fleur quand il se fait surprendre par le maître des lieux, une bête redoutable : « Vous pouviez tout prendre sauf mes roses », qui menace le vieil homme de lui ôter la vie si ce dernier ne lui envoie pas une de ses filles en gage. Belle se sacrifie. D'abord effrayée, elle se met petit à petit à aimer la Bête qui se transforme en prince charmant.

JEAN COCTEAU
1889 : naissance à Maisons-Laffitte.
1912 : collabore avec les Ballets russes et le groupe des Six pour qui il écrit le livret des *Amants de la tour Eiffel*.
1913 : premier roman publié, *Le Potomak*.
1922 : *Thomas l'Imposteur*, roman.
1923 : *Le Grand Écart*, roman.
1930 : *Le Sang d'un poète*, premier film.
1938 : *Les Parents terribles*, pièce de théâtre. Écrit les dialogues des *Dames du bois de Boulogne* de Robert Bresson.
1947 : *La Difficulté d'être*, essai.
1950 : *Orphée*.
1957 : peint la chapelle Saint-Pierre de Villefranche-sur-Mer.
1959 : *Le Testament d'Orphée*.
1963 : meurt à Milly-la-Forêt.

Doré : *Persée et Andromède*. Sur son cheval ailé, Persée transperce un dragon gardant Andromède liée à un rocher. Pégase et son cavalier semblent voler, tenus en l'air seulement par la lance d'acier qui transperce le monstre. Cocteau s'en inspire et décide que cet objet ornera la chambre de la Belle chez la Bête, et que le film tout entier doit avoir le « côté miraculeux » de cette statue. Totalement absorbé par ce nouveau projet, plongé tout entier dans le conte de Mme Leprince de Beaumont, Cocteau commence à concevoir sa mise en scène. La Gaumont doit produire le film et Jérôme Bertroux en assurer la direction de production. Seulement, lorsque les huiles de la Gaumont découvrent la nature du projet, ils le refusent et renvoient Bertroux pour l'avoir accepté. André Paulvé prend alors le film, mais le tournage doit être repoussé car Jean Marais s'engage dans la division Leclerc, la France étant toujours en guerre. À son retour, Paulvé ne veut plus du film, pensant au fond qu'aucun spectateur ne s'intéressera à un acteur déguisé en bête. Cocteau décide qu'il arrivera à le convaincre à nouveau. Jean Marais avait imaginé que la Bête qu'il doit interpréter pourrait avoir l'apparence d'un cerf, mais Christian Bérard, pressenti pour les décors, explique qu'à son avis, la Bête ne doit pas être un herbivore, mais un carnassier. Les cornes, même les plus magnifiques bois d'un cerf, feraient rire la salle entière. Pour lui, la bête doit vraiment être effrayante. Les premiers essais de costumes se font chez Pontet, un grand perruquier, qui exécute un travail extraordinaire en créant l'abominable masque. L'avenir du film est alors déterminé par l'impact d'un bout d'essai exigé par Paulvé. Comme un débutant, Cocteau se plie à l'exercice. À la projection, la vue de la Bête provoque une émotion si forte que la femme du producteur fond en larmes. Le film est accepté. Au final, la pose du maquillage de Jean Marais – le masque est monté sur tulle comme une perruque – demande cinq heures : trois pour le visage et une pour chaque main. Son aspect repoussant sera accentué dès qu'il adoptera cette dramatique voix d'infirme.

Cent obstacles viennent à nouveau se dresser contre le projet : le manque d'électricité et de pellicule, l'absence d'argent, un nouvel abandon de Paulvé, et surtout la maladie de Cocteau qui ne l'arrête pourtant pas dans son travail. En s'encadrant de Bérard pour les décors, de Marcel Escoffier pour les costumes, de René Clément (qui vient de réaliser *La Bataille du rail*) comme assistant et d'Henri Alekan à la photo, il arrive, avec son innocence et son génie de poète, à recréer un merveilleux de fantaisie. Comme il le dit : « Il existe un style des contes de fées, il est inimitable. Il importe de s'y soumettre. Il me fallait donc une équipe légère, attentive, capable de comprendre que le mystère a ses règles, que l'invraisemblance exige une vraisemblance. » Cocteau pousse Alekan à se laisser guider par les gravures de Gustave Doré et la peinture hollandaise pour créer ses lumières. Dans ce travail de recherche, le chef opérateur apprend quels sont les éclairages qui créent une émotion et par là même comprend les exigences de Cocteau : il ne s'agit pas de créer une belle lumière mais une lumière juste. Une immense partie de la dimension féerique du film repose sur ce travail de l'image, anagramme du mot « magie ». On se souvient de l'ombre portée du père qui, dès qu'elle s'imprime sur la massive porte du château, semble la faire céder sous son poids, et aussi des chandeliers qui s'allument mystérieusement les uns après les autres, soutenus par des bras vivants ; des caryatides dont les yeux se mettent à bouger ; de la carafe de vin qui s'anime toute seule…

Alors qu'à l'époque, la mode est plutôt au réalisme, *La Belle et la Bête* est un triomphe. Jean Marais s'en souvient : « Le film eut un énorme succès, mais pas tout de suite. Un succès lent, sans tapage, presque secret. Le succès que seuls connaissent les vrais, les grands poètes. »

« *La Poésie, c'est l'exactitude.* »

Jean Cocteau.

FICHE TECHNIQUE
Drame merveilleux réalisé par Jean Cocteau, 1 h 40, noir et blanc.
Avec : Jean Marais (Avenant/la Bête/le Prince), Josette Day (Belle), Michel Auclair (Ludovic), Mila Parély (Félicie), Nane Germon (Adélaïde), Marcel André (le père), Raoul Marco (l'usurier).
Scénario : Jean Cocteau d'après le conte de Mme Leprince de Beaumont.
Conseiller technique : René Clément.
Photographie : Henri Alekan.
Décors : Christian Bérard, René Moulaert.
Costumes : Marcel Escoffier.
Musique : Georges Auric.
Montage : Claude Ibéria.
Production : André Paulvé.

« Un tramway nommé Désir [...] est une œuvre troublante
où le bien est complémentaire du mal, Éros et Thanatos
indissolublement liés. »

Télérama, 13/06/1987.

ELIA KAZAN

Un tramway nommé Désir

« *A STREETCAR NAMED DESIRE* »
1951, ÉTATS-UNIS

LE STYLE BRANDO EST NÉ

*Un tramway nommé Désir provoque un séisme
quand il paraît sur les écrans américains en 1951.
Renversé par un texte au ton déroutant,
le public, étourdi par la prestation de Vivien Leigh,
chavire définitivement à chacune des apparitions
de Marlon Brando, désigné dès lors comme
« monstre sacré »... le plus torride
de l'histoire du cinéma.*

L e travail d'Elia Kazan, qui fut comédien, est très influencé par les théories dramatiques développées dans les années 1930 par le « Group Theater » (Harold Clurman, Cheryl Crawford, Lee Strasberg) qu'il fréquente dans les années 1930 et qui donne naissance à la fameuse méthode de l'Actors studio dont Kazan fut l'un des fondateurs. Deux principes hérités de Stanislavski forment son style propre : toute action d'un acteur doit avoir un but, et un acteur doit toujours être en action. Par ces préceptes, Stanislavski cherchait à évacuer le vague ou le flou du jeu romantique et obtenir des interprétations naturelles et dépouillées. Poussées à l'extrême chez Kazan, ces tendances ont parfois un résultat inversé : le jeu peut être à la fois trouble et saturé. Appliqué aux personnages déséquilibrés, déchirés, écartelés de Tennessee Williams, le résultat est un vrai choc ! « Il faudrait toujours laisser dans un personnage dramatique un domaine que l'on ne comprend pas », dit un jour Tennessee Williams à Kazan, qui fait tout pour mettre ce conseil à l'œuvre dans sa mise en scène – d'abord au théâtre, puis au cinéma – d'*Un tramway nommé Désir*. Sa direction d'acteur se concentre

Blanche DuBois vient chercher refuge à La Nouvelle-Orléans, chez sa sœur Stella, qu'elle n'a pas vue depuis dix ans. L'appartement miteux situé dans un quartier minable trouble Blanche qui n'est pas habituée à vivre dans un tel cadre, elle, femme cultivée aux manières raffinées. Encore traumatisée par le suicide de son mari il y a plus de quinze ans, Blanche a du mal à supporter les brusqueries et les brimades de son beau-frère. Elle pense avoir trouvé le bonheur en la personne de Mitch, mais Stanley anéantit leur projet de mariage quand il révèle au futur époux le passé tumultueux de Blanche.

ELIA KAZAN

1909 : naissance à Istanbul d'Elia Kazanjoglous, de parents grecs.
1913 : sa famille émigre à New York. Son père se lance dans le commerce de tapis.
1932 : entre au « Group Theater » de Cheryl Crawford et Lee Strasberg après des études de théâtre à Yale.
1934 : monte sa première pièce dont il est coauteur, *Dimitroff*. Adhère au Parti communiste.
1945 : *Le Lys de Brooklyn*, premier long-métrage.
1947 : fonde l'Actors Studio avec Cheryl Crawford et Robert Lewis.
1952 : dénonce ses anciens camarades communistes devant la Commission des activités antiaméricaines.
1954 : *Sur les quais*.
1953 : *Un Homme dans la foule*.
1955 : *À l'est d'Éden*.
1961 : *La Fièvre dans le sang*.
1963 : *America, America*.
1967 : publie *L'Arrangement* qu'il adapte et réalise en 1969.

alors sur l'ambiguïté des personnages, car c'est d'elle que dépend leur crédibilité. Obsédé par l'effet de surprise, comme pour ne jamais laisser le spectateur en paix, il insiste aussi sur les ruptures de ton et l'ambivalence des personnages : « Il n'y a pas de "bons" ou de "mauvais", écrit Kazan dans ses mémoires. Certains sont meilleurs, d'autres pires, mais tous agissent davantage par incompréhension que par méchanceté. Ils sont aveugles à ce qui se passe dans le cœur de l'autre. Stanley voit dans Blanche non une créature désespérée, acculée à une dernière tentative sans espoir, mais une garce calculatrice, une "femme facile". Personne ne voit vraiment qui que ce soit sinon à travers les défauts de sa propre personnalité. C'est ainsi que nous nous voyons les uns les autres dans la vie. » La disparition du manichéisme, valeur incontournable du cinéma américain où les personnages sont désignés comme « bons » ou « méchants », est une véritable révolution. Doublé d'une violence nouvelle des mots et des situations, le texte d'*Un tramway nommé Désir*, drame à la dimension fortement érotisée, crée l'événement auprès du public en le bouleversant, et provoque des haut-le-cœur chez les plus puritains.

À l'audition pour le rôle au théâtre, Brando, que personne ne connaît encore, montre tant d'assurance que Kazan n'hésite pas une seconde. Pendant les longs mois de répétition, Kazan pousse l'acteur à établir un lien entre sa personnalité et le personnage de Stanley. Brando résiste longtemps, mais, petit à petit, Stanley rentre en lui. Il s'est installé un lit de camp dans le théâtre et il passe ses nuits à écouter le silence de la salle déserte. Il fait quotidiennement de l'exercice physique pour arriver à ce qu'il appelle la « muscularité fondamentale » du personnage. Pour entrer dans la peau du carnivore Stanley, Brando se prive de manger. Enfin, avec sa costumière, il s'inspire de la tenue des ouvriers des rues de Manhattan pour habiller Stanley. À l'époque où les tee-shirts se portent amples, les manches jusqu'aux coudes, il décide de les porter moulants. Son habilleuse en retouche alors une demi-douzaine et les déchire à l'épaule pour suggérer que Stella a agrippé ou griffé son mari. Puis vient l'invention du premier jean « ajusté », changeant à tout jamais la mode américaine. Le spectacle est un triomphe. La troupe est ovationnée par un public qui ne se lève d'ordinaire que pour l'hymne national. Tennessee Williams envoie un télégramme à Brando : « Du Polack graillonneux, tu arriveras un jour au Danois ténébreux car tu as quelque chose qui fait du théâtre un monde d'immenses possibilités. » Le style Brando était créé, et tout le monde voulut l'imiter.

Lorsque la Warner Bros décide de s'attaquer à l'adaptation cinématographique, Williams demande à Kazan d'en assurer la réalisation. Chacun pense qu'il faut une star féminine pour interpréter le rôle de Blanche au cinéma. Vivien Leigh, qui a joué pendant huit mois la pièce à Londres, accepte, mais met du temps à se faire à la méthode Kazan, ne jurant que par celle de son mari et metteur en scène Laurence Olivier. Pourtant, Brando (dont le cachet est dithyrambique) et Leigh finissent par se rejoindre, et l'interprétation de Brando s'avère encore plus forte au cinéma qu'au théâtre. Malgré une censure épouvantable qui exige le silence sur l'homosexualité du premier mari de Blanche, des coupes dans le dos de Kazan, et un maccarthysme en pleine puissance, *Un tramway nommé Désir* est un triomphe : le public adore ce film bouleversant d'un style nouveau ; l'Association des critiques de cinéma new-yorkais, l'Association des scénaristes et celle des correspondants étrangers à Hollywood lui rendent hommage toutes trois ; nommé douze fois aux oscars, il en remporte quatre dont un deuxième pour Vivien Leigh. Tout le long de l'année 1951, les bénéfices ne vont cesser de grimper et les fans de Brando de se multiplier : *Un tramway nommé Désir* a fait de lui une star qui va dorénavant prendre goût aux gros cachets.

FICHE TECHNIQUE
Drame réalisé par Elia Kazan, 2 h 02, noir et blanc.
Avec : Vivien Leigh (Blanche DuBois), Marlon Brando (Stanley Kowalski), Kim Hunter (Stella Kowalski), Karl Malden (Mitch).
Scénario : Oscar Saul et Tennessee Williams d'après la pièce du même nom de Tennessee Williams.
Photographie : Harry Stradling.
Décor : Richard Day, George James Hopkins.
Musique : Alex North.
Montage : David Weisbert.
Production : Charles K. Feldman (Warner Bros).

« … la plus sympathique de toutes les comédies
musicales américaines et celle qui a fait le mieux
la conquête durable du public français. »

France-Soir, 21/12/1972.

Chantons sous la pluie

« *SINGIN'IN THE RAIN* »
1952, ÉTATS-UNIS

L'EMBLÈME DE LA COMÉDIE MUSICALE

Sommet absolu de la comédie musicale,
Chantons sous la pluie, *fruit de l'alliance Gene Kelly-Stanley Donen, est sans doute l'œuvre du cinéma qui exprime la plus grande jubilation. Son refrain éponyme, universellement connu, est devenu un air mythique dont on chante encore aujourd'hui les louanges !*

U n jour de 1951, le producteur Arthur Freed, qui fut auteur de chansons, commande à deux scénaristes, Betty Comden et Adolph Green, un film musical. Mais, quand les deux auteurs découvrent sur leur contrat qu'ils sont obligés de bâtir l'histoire à partir des seules chansons d'Arthur Freed et de Nacio Herb Brown, ils se sentent « piégés comme des rats dans une grange en feu ». Il décident alors de mettre leurs stylos en grève. La colère passe et, après avoir pensé dans un premier temps à un western musical, tout le monde est d'accord pour faire un film sur les débuts – compliqués – du cinéma parlant. « Notre seule idée de départ, dit Kelly, était l'histoire d'une star du muet qui devient une vedette du parlant. Nous passions notre temps à poser des questions aux vétérans du studio pour savoir comment telle ou telle chose s'était passée. Le scénario a été construit d'après ces récits. La trame raconte fidèlement ce qui se passait à la MGM en 1928 – avec une certaine distorsion comique, bien entendu ! », et c'est dans cette distorsion que réside une grande partie de la beauté du film. Les scénaristes, qui n'en reviendront pas d'être plus tard félicités dans le monde entier (en France par

Don Lockwood (Gene Kelly) et Lina Lamont (Jean Hagen), couple de comédiens vedettes, se rendent à la projection de leur dernier film. Pour échapper à la foule en délire, Don saute dans la voiture d'une inconnue, Kathy Selden (Debbie Reynolds), qui fait mine de ne pas le reconnaître et de mépriser le cinéma. Seulement, quelques minutes plus tard, Don réalise que la jeune fille fait partie d'une troupe de danseuses que Simpson, son producteur, a engagé pour une soirée. Vexée, Kathy lui lance un gâteau à la crème que Lina reçoit en pleine figure. Don tombe fou amoureux d'elle…

FICHE TECHNIQUE
Comédie musicale réalisée par
Stanley Donen et Gene Kelly,
1 h 43, couleurs (Technicolor).
Avec : Gene Kelly (Don
Lockwood), Donald O'Connor
(Cosmo Brown), Debbie
Reynolds (Kathy Selden),
Jean Hagen (Lina Lamont),
Millard Mitchell (R.F. Simpson),
Rita Moreno (Zelda Zanders),
Cyd Charisse (la danseuse),
Bobby Watson (le professeur
de diction), Cathleen Freeman
(Phoebe Dinsmore).
Scénario : Betty Comden,
Adolph Green.
Photographie : Harold Rosson,
John Alton.
Direction artistique : Cedric
Gibbons, Randall Duell.
Décors : Edwin B. Willis,
Jacques Hapes.
Costumes : Walter Plunkett.
Direction musicale : Lennie
Heyton.
Chansons : Arthur Freed, Nacio
Herb Brown.
Chorégraphies : Gene Kelly,
Stanley Donen.
Montage : Adrienne Fazan.
Production : Arthur Freed,
Roger Edens (Metro-Goldwyn-
Mayer).

François Truffaut et Alain Resnais), se sont entre autres inspirés de la ruine de la carrière de John Gilbert qui, comme la vedette masculine du *Duelliste chevaleresque* (le film parlant que tournent Don et Lina dans *Chantons sous la pluie*), croyait à l'arrivée du parlant pouvoir continuer à prononcer les mêmes phrases (« Je n'aime que vous, je n'aime que vous, je n'aime que vous… ») que celles qu'il avait l'habitude de dire pendant les tournages muets. « L'astuce consista évidemment à s'arranger pour qu'un matériau tragique comme celui-ci entre dans une comédie légère et satirique contenant quinze ou vingt chansons de Freed et Brown », avouèrent Green et Comden. Leur travail est au final admirable : la trame de l'histoire est d'une exceptionnelle richesse, toutes les séquences sont en situation, l'introduction (Don, interviewé par une journaliste, parle de ses débuts « idylliques » alors que nous voyons défiler sous nos yeux une tout autre réalité, plus rude celle-là) est extrêmement originale. Mais surtout, *Chantons sous la pluie* raconte la panique qu'engendre l'arrivée du parlant avec un humour fou (et avec ironie quand on sait qu'en réalité c'est Jean Hagen qui double Debbie Reynolds pour le film alors qu'il raconte la situation inverse), une joie débordante et une infinie tendresse. Le film dit son bonheur d'être né !

Cette puissance euphorique qui jaillit du film, et qui fait de lui l'un des plus grands « classiques » à partir des années 1970, marque l'apogée de la comédie musicale, alors que 1952 est le point culminant de la crise que traverse Hollywood. Le nombre de longs-métrages tournés est le plus faible de l'histoire du « parlant », les recettes tombent au niveau le plus bas depuis dix ans, et la fréquentation moyenne des salles est catastrophique. C'est peut-être aussi dans cette morosité ambiante que *Chantons sous la pluie* puise paradoxalement son immense joie, afin d'en anesthésier les effets. Martin Scorsese définit bien la comédie musicale comme étant le genre le plus tourné vers l'évasion.

C'est aussi à Gene Kelly que l'on doit évidemment ce film splendide. Son style – fraîcheur, nouveauté, énergie, acrobatie, rigueur – est unique. Le film nécessite des centaines d'heures d'apprentissage et de répétition, et Kelly, qui joue, chorégraphie et réalise, partage le travail avec Donen. Quand Mayer lui impose Debby Reynolds comme partenaire, Kelly soumet l'ex-miss Burbank 1948 à un entraînement éreintant pendant trois mois, à raison de huit heures par jour. Cet esprit de rigueur et ce travail acharné étendu à l'ensemble du projet ont un effet miraculeux sur ce que sera le film : une histoire drôle et tendre qui s'écoule avec légèreté. On ne peut oublier l'hilarante scène de Cosmo qui grimpe aux murs en chantant *Make'm Laugh* ou la douceur gaie du trio Kelly-Reynolds-O'Connor dans *Good Morning*, le charme envoûtant de Cyd Charisse dans sa robe verte, mais *Chantons sous la pluie* est avant tout cette scène, pure expression du bonheur, où Kelly fait des gambades dans l'eau. « La conception en était si simple, raconte Kelly, que je craignais de l'exposer aux producteurs de peur que cela leur paraisse sans intérêt. Ce sont les techniciens de studio qui ont eu le plus de travail : il leur a fallu équiper tout le décor de rue d'un système de tuyauterie qui le transformait en cabine de douche géante ! » Construite comme une petite histoire en trois parties (Don se met à chantonner, content que la fille soit amoureuse de lui ; il se laisse porter par son bonheur et danse avec la pluie ; un policier le rappelle à l'ordre, il s'en va et offre son parapluie à un passant), la scène a été bâtie autour d'une chanson écrite en 1926 et entendue pour la première fois à l'écran dans le second « musical » de la MGM. Elle fut chantée par Cliff Edwards, Buster Keaton, Marion Davies, Joan Crawford, les Bronx Sisters et George K. Arthur avant de triompher dans la chorégraphie élaborée par Kelly et de devenir l'emblème de la comédie musicale.

« La comédie musicale est l'une des rares formes
d'expression artistique spécifiquement américaines,
et ses meilleures réussites méritent bien qu'on parle d'art. »
Gene Kelly.

GENE KELLY
1912 : naissance à Pittsburgh, Pennsylvanie.
1920 : apprentissage de la danse.
1931 : crée sa propre école de danse.
1938 : débuts en tant que chorégraphe à la Playhouse de Pittsburgh.
1944 : premier rôle au cinéma aux côtés de Fred Astaire dans *Ziegfeld Folies* de Vincente Minnelli. S'engage dans l'aéronautique.
1948 : *Les Trois Mousquetaires* de George Sidney.
1949 : libéré, il met en scène au cinéma – pour la première fois –, assisté de Donen, *Un jour à New York* dont il réalise aussi la chorégraphie.
1952 : *Un Américain à Paris* de Vincente Minelli.
1954 : *Brigadoon* de Vincente Minelli.
1957 : *Les Girls* de George Cukor.
1967 : *Les Demoiselles de Rochefort* de Jacques Demy.
1969 : *Hello Dolly*, son dixième film comme réalisateur.
1996 : meurt à Beverly Hills, Californie, des suites de deux attaques cardiaques.

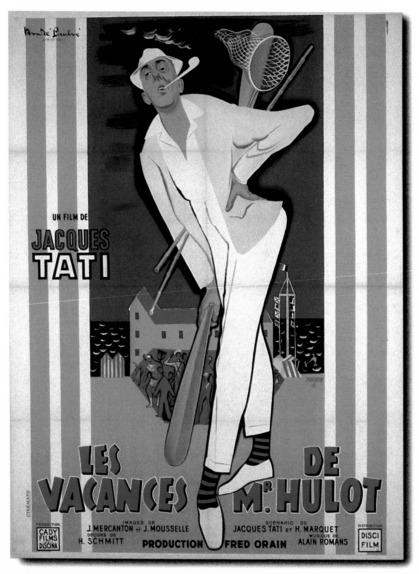

« Les Vacances de M. Hulot *contiennent dix, vingt fois plus de gags que n'importe quel film de Charlot. Et jamais l'on n'insiste. Un clin d'œil. Hop ! Vous n'avez pas compris ? Tant pis pour vous.* »

Paris-Presse, 11/03/1953.

Les Vacances
de M. Hulot

1953, FRANCE

APPLAUDI DANS LE MONDE ENTIER

*Gentleman maladroit et coupable, M. Hulot, création
de Jacques Tati en 1953, investit une nouvelle forme
de comique qui révolutionne le cinéma. Sa dégaine,
sa distraction, sa démarche, son flegme… en font un héros
auquel tous s'identifient, quel que soit le pays.*

« **N**om ? demande le patron de l'hôtel, prêt à écrire sur son registre.

– U-O, répond indistinctement l'inconnu.

– Monsieur ? répète l'homme derrière son comptoir.

– U-O ! »

Insatisfait du seul borborygme qu'il a pu percevoir, l'hôtelier se penche, saisit la pipe qui se trouve dans la bouche de son vis-à-vis pour le laisser cracher le morceau.

« Hulot », peut enfin articuler le drôle d'oiseau à chapeau.

L'estivant, les mains prises par ses valises, son épuisette et sa canne à pêche, prend la direction de sa chambre dans une démarche élastique, mi-kangourou mi-girafe. À chaque pas, il s'arrête pour saluer ses congénères qui semblent déjà refuser de le compter parmi les leurs. Seule une vieille Anglaise lui sourit. M. Hulot, dans ses chaussettes à ressorts, apparaît doté de l'innocence d'un enfant et de l'amabilité d'un « gentleman » – comme le dit plus tard la tante de Martine – balayant l'ennui sur son passage ! À part un heureux courant d'air pouvant se muer en tornade, qui est vraiment M. Hulot ?

M. Hulot, pantalon trop court, imperméable sur le dos et pipe à la bouche, part en vacances dans sa vieille auto. Il prend ses quartiers dans un hôtel près de la plage. Son comportement original provoque la méfiance des autres vacanciers qui voient d'un mauvais œil que l'on se comporte différemment d'eux. M. Hulot, s'il ne s'en rend pas compte, semble s'en moquer. Seuls Martine, une vieille Anglaise, les enfants et finalement un retraité portent un regard bienveillant sur lui.

JACQUES TATI
1908 : naissance de Jacques
Tatischeff dans les Yvelines.
Origine russo-italo-franco-
hollandaise.
1931 : débute sur scène comme
mime.
1936 : *Soigne ton gauche,*
court-métrage.
1947 : *L'École des facteurs,*
court-métrage.
1949 : *Jour de fête.*
1958 : *Mon oncle.*
1967 : *Playtime.*
1971 : *Trafic.*
1974 : *Parade.*
1982 : meurt près de Paris.

Un prénom ? Non. Un travail ? Une origine ? Un lieu de résidence ? Un âge ? Des préférences ?... on ne sait rien de tout cela. Et pourtant M. Hulot nous est très familier : sa tête dans les nuages, quand il la passe par la lucarne, nous dit qu'il a peu les pieds sur terre. Sur la plage, il détraque le rythme barbant des vacances, traçant derrière lui un sillage de catastrophes, comme ces marques de pas sur le parquet de l'hôtel font qu'on peut le suivre à la trace ! Ses bêtises, sa gentillesse, son innocence et sa légèreté nous disent l'ennui des conventions et le refus de la mascarade sociale. Hulot nous renvoie à nos premiers bains de mer, lorsque nous étions des enfants et que la période des bêtises était ouverte ! Étranger poli, Hulot fait tache au milieu des adultes. C'est ce même personnage qui trouve son meilleur ami dans le petit garçon de *Mon oncle.* Timide, il incarne l'embarras universel : même quand il n'est pas fautif, il se comporte en coupable et prend la fuite. Presque toujours sur la pointe des pieds comme pour ne pas déranger, Hulot voudrait être la discrétion absolue alors que chaque mouvement le plus infime entraîne une cascade de gaffes, le bouquet étant l'explosion des feux de Bengale après un simple grattage d'allumettes pour voir clair dans une cabane. Drôle de héros ! Le film raconte l'histoire de son impossible intégration. Pour incarner Hulot, Tati se sert de son expérience de mime, mais il n'imite personne. Son personnage est la cristallisation d'une somme d'observations, en plus fin et plus neutre que celui de François le facteur dans *Jour de fête.*

Les gags se suivent et sont autant de croches d'une portée sans début ni fin. L'histoire des *Vacances de M. Hulot* est une chronique sans construction dramatique particulière où les gags, sans chute, n'ont pas pour fonction de faire avancer l'intrigue. En revanche, leur drôlerie, leur signification et leur précision technique créent une atmosphère unique. C'est le cas pour la scène où Hulot entreprend de repeindre sa petite barque dans laquelle il est assis, au bord de la plage. Il a posé le pot de peinture à côté de lui, à la lisière des vagues. La première soulève délicatement le pot vers le large ; la suivante le redépose sur la plage, mais cette fois de l'autre côté de la barque. Le mouvement se répète avec le flux et le reflux. Hulot, distrait, trempe machinalement son pinceau à droite ou à gauche, toujours du bon côté. Le secret de ce ballet coordonné autour de la barque, c'est le fameux fil de Nylon invisible. Mais autant son efficacité est incontestable en studio, autant il est nettement moins facile de le manier dans les vagues de l'océan. Une journée entière fut consacrée à la réalisation de cette jolie scène, et Tati faillit bien perdre tout son calme.

Avant l'oscar décerné à *Mon oncle,* Jacques Tati reçut une avalanche de prix pour *Les Vacances de M. Hulot.* Ce film de 105 millions d'anciens francs (contre 18 millions pour *Jour de fête*) fut notamment couronné du prix de la critique à Cannes et du prix Louis-Delluc 1953. Applaudi dans le monde entier, M. Hulot, dont la silhouette est internationalement connue, parle un langage universel, et pas seulement parce qu'il préfère les bruits à la parole.

Comme Chaplin, à qui il a été très souvent comparé, Tati est l'un des auteurs les plus complets du cinéma. Acteur, scénariste, producteur, réalisateur, il a payé le prix fort pour cette indépendance. Alors qu'il ne cesse dès les premières heures de la gloire d'être sollicité par les Américains et la publicité, il refuse leurs offres alléchantes (dont des suites aux aventures de M. Hulot, *M. Hulot au Far West, M. Hulot à New York...*), ne voulant pas édulcorer ou modifier son style à la demande. Voilà pourquoi son œuvre extrêmement riche ne comporte que six longs-métrages en trente-trois ans.

FICHE TECHNIQUE

Comédie réalisée par Jacques Tati, 1 h 36, noir et blanc.
Avec : Jacques Tati (M. Hulot), Nathalie Pascaud (Martine), Michèle Rolla (la tante), Valentine Camax (l'Anglaise), Louis Perrault (M. Fred), Lucien Fregis (l'hôtelier), André Dubois (le commandant), Suzy Wily (la commandante), Raymond Carl (le garçon).
Scénario : Jacques Tati, Henri Marquet.
Photo : Jean Mousselle, Jacques Mercanton.
Décor : Henri Schmitt.
Musique : Alain Romans.
Montage : Jacques Grassi, Ginou Bretoneiche, Suzanne Baron.
Production : Fred Orain (Cady-Films/Discina).

« Les Vacances de M. Hulot *est l'œuvre comique
la plus importante du cinéma mondial depuis
les Marx Brothers et W.C. Fields.* »

André Bazin.

« ... *ce film n'est pas ennuyeux une seconde. Au contraire,*
c'est une manière de western de l'Extrême-Orient... »

Paris-Presse, 13/12/1955.

AKIRA KUROSAWA

Les Sept Samouraïs

« SHICHININ NO SAMURAI »

1954, JAPON

HUMANISTE ET INTEMPOREL

Longtemps le film japonais le plus coûteux,
Les Sept Samouraïs *confirment l'immense talent d'Akira Kurosawa. Son goût pour les histoires où se mélangent mouvement, intensité et violence, sa mise en scène à la fois ambitieuse et rigoureuse privilégiant l'action et le style en font un auteur connu dans le monde entier. Oscar du meilleur film étranger 1955,* Les Sept Samouraïs *connaissent un tel succès que les Américains en achetèrent les droits pour en faire un western,* Les Sept Mercenaires.

Akira Kurosawa, dont l'œuvre a largement contribué à éveiller le monde au cinéma japonais, est sûrement le cinéaste du pays du Soleil-Levant le plus universel et l'un des plus grands réalisateurs de notre siècle. Bien que de longue durée (200 minutes au départ, réduit à 160 puis encore raccourci à 105 pour l'étranger) et mettant en scène des autochtones appartenant à une période lointaine, *Les Sept Samouraïs* sont une fresque captivante où se construit au fil des scènes un message humaniste et contemporain, en alternant gravité et humour.

C'est de la confrontation entre deux classes de la société japonaise – la paysanne et la militaire – que naît le propos du film. Même si sa version réduite fait une ellipse sur une grande partie de la peinture des paysans, la comparaison entre les deux cultures est très active, opposant la matière et l'esprit. La vie des paysans dépend de la terre, et leur destin est menacé dès que l'on confisque leurs biens. Avec un soin quasi documentaire, Kurosawa montre dès la première scène du film que la peur fait partie du quotidien des paysans : dès qu'il voit les brigands, un vieil homme, portant un fagot, se cache en entendant ce que se

Au XVIᵉ siècle, un village est régulièrement pillé par des brigands. Décidés à ne pas se laisser périr, les villageois cherchent sept samouraïs qui accepteront de les défendre et de les venger en échange de trois repas par jour. La bande de mercenaires enfin constituée, les villageois mettent toute leur énergie au service de la défense, ce qui entraîne évidemment certaines frictions. Une fois libérés de l'ennemi, les villageois retournent à la terre alors que les samouraïs survivants – trois d'entre eux ont été tués – reprennent la route.

AKIRA KUROSAWA
1910 : naissance d'Akira
Kurosawa à Tokyo, fils
d'un officier.
1920 : a la révélation du dessin
qu'il pratiquera toute sa vie.
1933 : est embauché par le studio
de cinéma Toho-Chemical
Laboratory comme assistant
réalisateur.
1938 : devient l'élève de Kajiro
Yamamoto.
1943 : *La Légende du grand
judo*, premier long-métrage sur
la vie du judoka Sugata Sanshiro.
1950 : *Rashomon.*
1951 : *L'Idiot.*
1952 : *Vivre.*
1957 : *Le Château de l'araignée,
Les Bas-Fonds.*
1965 : *Barberousse.*
1980 : *Kagemusha, l'ombre
du guerrier.*
1985 : *Ran.*
1998 : meurt à Tokyo.

disent les pillards, sans être vu. Apprenant la nouvelle d'une attaque prochaine, les villageois sont à terre (au sens propre du terme aussi : nous les voyons recroquevillés sur le sol, en prière), mais, en prenant la décision de se défendre, ils se relèvent, retrouvant une certaine dignité. Les paysans rentrent en résistance. Pour ce faire, ils décident de faire appel à des samouraïs, pour qui le combat est un métier. À l'opposé des paysans, les samouraïs sont des êtres mobiles, sans attaches. Toute leur vie est commandée par la supériorité de l'esprit sur les biens et le corps. Toujours sollicité, cet esprit est défini comme prompt par le réalisateur, illustré par les scènes de « sélection » des samouraïs, des vignettes qui se relaient avec efficacité. Katsushiro, caché, est prêt à frapper les prétendus samouraïs qui viennent se présenter. Si le postulant est un vrai samouraï, il anticipe, de quelque manière que ce soit, le coup de Katsuhiro et le pare. Les différentes réactions des sept mercenaires nous en disent long sur leur personnalité, chacune illustrant une des facettes de l'« esprit samouraï » : Kambei est la sagesse, empreinte d'un certain désenchantement, ce qui ne l'empêche pourtant pas d'agir ; Heichi est le bon sens ; Gorobei, toujours astucieux, est la vivacité même ; Kyuzo, l'ascèse et la maîtrise ; Shishiroji, l'humilité et la discrétion ; Kikuchiyo a usurpé l'identité d'un samouraï (il arrive saoul à la « sélection » et tombe lamentablement dans le piège de Katsushiro) et, d'origine paysanne, est la brebis galeuse de la bande. Tout droit sorti d'un roman de Cervantès, sa truculence, ses facéties et sa gaieté procurent beaucoup d'humour au film. Mais on comprend aussi que, n'appartenant vraiment à aucune des deux classes, il n'est personne.

Si, dans la première partie du film, les samouraïs nous apparaissent comme des êtres supérieurs aux paysans, sorte de seigneurs comparés aux paysans pauvres, cette supériorité est remise en question dans la scène où un bandit est fait prisonnier. Au lieu de le tuer, les samouraïs, qui veulent faire respecter l'idée d'une certaine noblesse du combat, décident qu'on ne le touchera pas, alors que les paysans au complet crient vengeance. Mais une très vieille villageoise, dont le fils avait été tué par des brigands, et dont l'âge et l'expérience sont des gages de sagesse et de justice, avance, une pioche à la main, et tue le vilain. La scène est d'autant plus forte que tout le monde se tait lorsque la vieillarde apparaît, faible, ayant à peine la force de tenir l'outil avec lequel elle travaille la terre. Le coup qu'elle porte au méchant a lieu hors champ. Le spectateur ne peut qu'entendre des cris. Personne ne s'oppose à son action. La loi du talion, pragmatique, l'a emporté sur l'esprit guerrier.

Le combat final, tant attendu, est un véritable chef-d'œuvre de mise en scène, alors que la tension dramatique n'a cessé de s'accentuer scène après scène. La brutalité des pillards assassins est d'autant plus violente qu'elle est d'abord observée par les femmes du village. La pluie lie le ciel à la terre et transforme le lieu du combat en un vaste champ de boue, symbole de la douleur et de la tristesse, exprimant une espèce de « à quoi bon ? ». On assiste à la mort de deux héros. L'acte d'héroïsme, digne de toute épopée, doit s'accomplir : un samouraï blessé va jusqu'au bout de sa mission et venge les victimes. Il tue son adversaire au prix de sa propre vie. L'ennemi une fois chassé, le monde paysan danse. Les paysans sont les véritables vainqueurs de cette aventure : ils l'ont emporté sur leur ennemi et sortent victorieux du combat qui les opposait à leur peur. « C'est la guerre. Celui qui a un comportement égoïste se détruira lui-même », leur avait dit Gorobei. Dans le combat, ils ont découvert à la fois leurs forces individuelles et celle de la solidarité. Les samouraïs, eux, reprennent la route pour d'autres combats, pour sauver d'autres hommes et en tuer d'autres.

FICHE TECHNIQUE
Film d'aventures réalisé par Akira Kurosawa, 2 h 40 (3 h 40 initialement), noir et blanc.
Avec : Takashi Shimura (Kambei, le chef des mercenaires), Toshiro Mifune (Kikuchiyo), Yshio Inaba (Gorobei), Ko Kimuka (Katsushiro), Daisuke Kato (Sishiroji), Seiji Miyaguchi (Kyuzo, le maître d'épée), Minoru Chiaki (Heihachi), Kamatari Fujiwara (Manzo), Kuninori Kodo (Gisaku), Isao Kimura (l'élève du chef).
Scénario : Shinobu Hashimoto, Hideo Oguni, Akira Kurosawa.
Photo : Asakazu Nakai.
Décors : So Matsuyama.
Musique : Fumio Hayasaka.
Montage : Akira Kurosawa.
Production : Shojiro Mokoki (Toho).

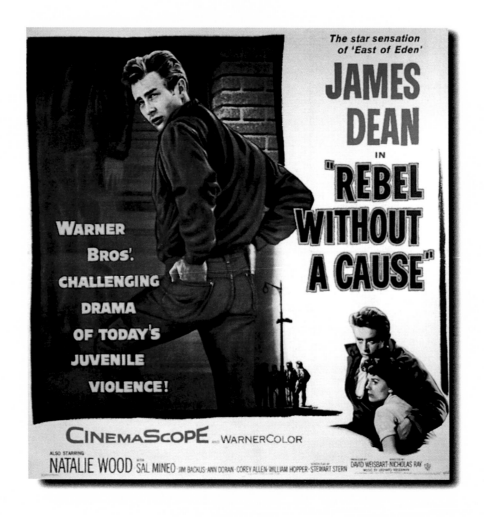

« La Fureur de vivre *est mieux qu'un document terrible*
sur la jeunesse américaine, quelque chose comme
un "Avant le déluge" réussi. »

Libération, 04/04/1956.

La Fureur de vivre
« *REBEL WITHOUT A CAUSE* »
1955, ÉTATS-UNIS

CHRONIQUE D'UNE JEUNESSE REBELLE

En 1955, La Fureur de vivre, *film mythique dès sa sortie, offre à James Dean son deuxième grand rôle. Fascinant une jeunesse américaine avide d'idoles, le film consacre la gloire du jeune acteur de vingt-quatre ans. Sans doute le plus beau film du réalisateur Nicholas Ray et son unique succès, cette peinture brûlante d'une génération en quête d'identité est surtout un touchant poème sur la solitude.*

Au milieu des années 50, Hollywood raffole d'histoires d'adolescents : les «kids», les délinquants, les jeunes qui grandissent, les jeunes en rébellion… sont des sujets qui défraient la chronique. Alors, quand la M.G.M annonce début 55 que *Graine de violence* (Richard Brooks) va sortir en mars, la Warner rétorque en lançant sa propre campagne de presse.

Elle possède depuis 1946 les droits d'adaptation d'un livre d'un certain docteur Robert Lindner : *Rebel without a cause, the hypnoanalysis of a criminel Psychopath*, compte rendu, d'un point de vue clinique, du cas d'un jeune malade mental. Au départ, le projet était destiné à être interprété par Marlon Brando, mais en l'absence d'un scénario convaincant, l'entreprise a été suspendue. Huit ans plus tard, la Warner utilise le titre de Lindner et informe qu'elle va produire un film « sur un adolescent sensible et désorienté, un garçon de bonne volonté accablé par les brouilles familiales et la violence environnante ». Elle charge les scénaristes Irving Schulman et Stewart Stern de construire un scénario. De son côté, le réalisateur Nicholas Ray trace les grandes lignes du projet en rédigeant un texte de 17

Trois adolescents, Jim, Judy et Platon se retrouvent pour des raisons différentes au commissariat. Le lendemain, premier jour de lycée, Jim, qui est nouveau dans la ville, fait la connaissance d'une bande qui le pousse à se battre au couteau et à répondre au défi d'une course de voitures le soir même, pendant laquelle Buzz, le chef, est accidentellement tué. Ne pouvant trouver du réconfort nulle part, Jim se réfugie avec Judy et Platon dans une maison abandonnée. Poursuivis par les autres membres de la bande qui craignent d'être dénoncés, Platon blesse l'un d'eux avec un pistolet. La police, en alerte, retrouve les adolescents qui se sont réfugiés au planétarium. Se méprenant sur un geste de Platon, un agent tire et tue le jeune garçon. Jim est effondré.

FICHE TECHNIQUE
Drame de Nicholas Ray, 1h48, couleurs.
Avec : James Dean (Jim Stark), Natalie Wood (Judy), Sal Mineo (Platon), Jim Backus (Mr. Stark), Ann Doran (Mrs. Stark), Rochelle Hudson (mère de Judy), William Hopper (père de Judy), Corey Allen (Buzz), Dennis Hopper (Goon), Ed Platt (Ray, officier de police), Steffi Sidney (Mil), Mariette Canty (gouvernante de Platon), Virginia Brissac (grand-mère de Jim), Beverly Long (Helen), Ian Wolfe (professeur), Frank Mazzola (Crunch), Robert Foulk (Gene), Jack Simmons (Cookie), Tome Bernard (Harry), Nick Adams (Moose), Jack Grinnage (Chick), Clifford Morris (Cliff)
Scénario : Stewart Stern d'après le livre *Rebel without a cause :The hypnoanalysis of a criminel Psychopath* du Dr. Robert M. Lindner.
Adaptation : Irving Schulman, Nicholas Ray, Dennis Stock.
Photo : Ernest Haller, CinemaScope.
Direction artistique : Malcolm Bert.
Décors : William Wallace.
Costumes : Moss Mabry.
Son : Stanley Jones.
Musique : Leonard Rosenman.
Montage : William Ziegler.
Production : David Weisbart (Warner Bros).

pages dans lequel il dit son intention de « développer les thèmes du conflit des générations, de l'aliénation des adolescents et de la fracture sociale dans un récit qui traiterait de la délinquance juvénile et de ses effets sur la petite bourgeoisie ». Le personnage du « psychopathe » devient alors un délinquant « normal » pour qui le délit est une façon d'attirer l'attention. La course de voiture, le duel au couteau, le trio, le planétarium, les parents : tous ces éléments fondamentaux sont déjà présents dans l'esprit de Ray. La sortie imminente de *À l'Est d'Eden* encourage le réalisateur à prendre James Dean pour le rôle de Jim, même si Kazan qui vient de travailler avec lui tente de l'en dissuader : « J'en avais assez de Dean à la fin d'*East of Eden*. Il s'est mis à insulter les gens et à rouler des mécaniques… ».

Pour le rôle de Judy, Ray aimerait Natalie Wood, mais la jeune fille, qui a déjà tourné dans 22 films, incarne encore l'enfance aux yeux du studio qui préfère Debbie Reynolds. « Le gros problème, explique-t-elle, était que jusque-là, je n'avais joué que des rôles d'enfant, et j'avais beau avoir quinze ans, je portais des nattes dans mon dernier rôle. » Ray, comme elle, a du mal à convaincre les studios qu'elle n'a plus l'âge de fréquenter les bacs à sable. Mais peu de temps après, elle subit un grave accident de voiture en compagnie de Dennis Hopper : « J'étais à l'hôpital, à demi-consciente, la police est arrivée et m'a demandé le numéro de téléphone de mes parents, et je répétais « Nick Ray, appelez Nick Ray » (…) Nick a envoyé son médecin à l'hôpital, puis il est arrivé et je lui ai dit : « Nick, ils m'ont traitée de sale petite délinquante, est-ce que j'aurai le rôle maintenant ? » Toute la préparation du film se fait sous le label « délinquance » et classe volontairement le film comme phénomène d'actualité. Le studio ne pense évidemment pas faire un autre film que celui-là. Et pourtant, l'aspect sociologique du projet n'est en fait qu'un alibi.

Pour Stern, l'un des scénaristes, *La Fureur…* est l'histoire de trois jeunes qui inventent un monde qui leur est propre, une version moderne de *Peter Pan* en somme. « Nick, comme la plupart des artistes, est en partie un enfant. L'enfant en lui parlait à l'enfant en moi. L'adulte paumé en moi parlait à l'adulte paumé en Nick, et, à travers les dilemmes où nous étions enfermés, j'ai commencé à former une image de ce que nous voulions dire tous les deux à travers une histoire sur des enfants. (…) Nick, Jimmy (Dean) et moi, nous nous sommes rendu compte que le film était une occasion unique dans notre vie, de dire quelque chose sur la nature de la solitude et de l'amour. Bien que notre matériau ait été "réel", ce à quoi nous visions, c'était une sorte de dimension mythique ».

Avec le temps, le film est davantage ce cri, expression de l'état de vertige que vit chaque adolescent, qu'une chronique sociale sur une tranche d'âge, à une époque donnée aux Etats-Unis. D'ailleurs, tout ce qui rattache le film à cette dernière thématique s'est soit affadi, soit a glissé du côté du symbolique : la course de voiture qui fait tomber Buzz plus bas que Jim, les blousons noirs VS le blouson rouge ; l'alcool VS le lait… Si les adultes, et surtout les parents, ont souvent été qualifiés de caricatures, c'est que l'on n'a pas compris qu'ils sont montrés tels que les enfants les voient. Leurs faiblesses, outrées, sont les points sur lesquels les ados focalisent et qui prennent la forme d'abcès.

Contrairement à ce que croient les studios, le personnage de Jim n'est pas un délinquant, mais le plus lucide des jeunes du film, en quête d'équilibre et de racine, quelqu'un qui aimerait trouver sa place dans la voie lactée qu'est le monde, et assez sensible pour craindre l'apocalypse comme le symbolisent les scènes intérieures du planétarium. L'histoire que raconte Nicholas Ray dans *La Fureur de vivre* est donc vieille comme le monde, ce qui n'empêche pas qu'elle est aussi un peu la sienne. Ici, il n'y a donc qu'une seule personne qui peut prétendre au titre de rebelle, c'est le réalisateur : un artiste qui avance dans la vie comme on traverse une interminable nuit. Dans ce film Ray justifie sa place et celles de ses pairs du côté des enfants. Ses transgressions, délicatement opérées à l'insu du studio, sont la preuve de son existence si l'on s'en remet à l'aphorisme « je me révolte, donc nous sommes » mis en avant par Albert Camus dans *L'Homme révolté*, paru un an plus tôt aux USA sous le titre *The Rebel*.

NICHOLAS RAY

1911 : naissance à Galesville, Wisconsin de Raymond Nicholas Kienzley. Fréquente beaucoup son voisin Joseph Losey pendant toute son enfance et son adolescence.

1929 : étudie l'architecture

1932 : s'installe à New York où il côtoie le Group Theatre.

1935 : joue au théâtre dans *The Young go first* de P. Martin, mise en scène par Elia Kazan.

1936 : dans le cadre du *New Deal*, devient responsable théâtral de la Resettlement Administration.

1945 : part pour Los Angeles, assiste Kazan sur *Le Lys de Brooklyn*.

1947 : met en scène son premier film *Les Amants de la nuit* pour la RKO.

1954 : *Johnny Guitare*.

1957 : *Le Truand bien aimé*.

1963 : *Les 55 jours de Pékin*.

1966 : s'installe sur une île en mer du Nord.

1976 : joue dans *L'Ami américain* de Wim Wenders.

1979 : joue dans *Nick's movie* de Wim Wenders, film achevé quelques jours après sa mort, le 16 juin, à New York.

« *[Son] humour sanglant, sa poésie bonne et mauvaise et surtout son mépris des règles commerciales et esthétiques, est un petit film très agréable, très inattendu et qu'il faut voir…* »

François Truffaut, *Arts*, 23/05/1956.

La Nuit du chasseur

« *THE NIGHT OF THE HUNTER* »
1955, ÉTATS-UNIS

UNE HEURE ET DEMIE D'ANGOISSE

La Nuit du chasseur *est une œuvre onirique dont la force et la beauté en font une pièce rare dans l'art cinématographique. Seul film de son réalisateur qui offre un rôle à contre-emploi à un Robert Mitchum effrayant et mémorable,* La Nuit du chasseur, *inclassable et hors norme, est une œuvre unique à tous points de vue.*

L a Nuit du chasseur est le premier et le dernier film du célèbre comédien Charles Laughton, qu'il réalise à cinquante-cinq ans passés. À cette époque, il déclare : « Lorsqu'autrefois j'allais au cinéma, les spectateurs étaient rivés à leur siège et fixaient l'é-cran, droit devant eux. Aujourd'hui, je constate qu'ils ont plus souvent la tête penchée en arrière, pour pouvoir mieux absorber leur pop-corn et leurs friandises. Je voudrais faire en sorte qu'ils retrouvent la position verticale. » Loin d'être un parfait chef-d'œuvre, encore moins un immense succès en salle, *La Nuit du chasseur,* film à la fois singulier et exceptionnel, semble déclen-cher chez tous ceux qui le voient une émotion inoubliable, sans que son intensité n'en soit altérée au fils des années. Les têtes des spectateurs sont droites, et leurs yeux toujours fixés sur l'écran.

Considéré comme un comédien très important au milieu des années 1950, Laughton connaît un ralentissement profes-sionnel. En revanche, il triomphe à la radio, où il fait des lectu-res de l'Ancien Testament, et dans les tournées de conférences qu'organise le producteur de théâtre Paul Gregory. C'est ce der-nier qui persuade le comédien de réaliser une adaptation du

Un criminel psychopathe, Harry Powell, partage la cellule de Ben Harper, condamné à la pendaison pour vol et meurtre. Ce dernier a dissimulé son butin dans la poupée de sa petite fille et a fait jurer à ses enfants de ne jamais le révéler. Powell, libéré, n'a qu'un objectif : mettre la main sur les 10 000 dollars. Se faisant passer pour un prêcheur, il séduit rapidement la veuve de Ben qu'il épouse avant de l'assassiner. Les enfants arrivent à s'enfuir, mais le fanatique les traque. Recueillis par Rachel, une bonne âme, ils ne seront pourtant pas en paix jusqu'à l'arrestation, sous leurs yeux, du meurtrier.

CHARLES LAUGHTON

1899 : naissance de Charles Laughton à Scarborough, Angleterre.

1922 : intègre la Royal Academy of Dramatic Art, dont il sort lauréat, au lieu de poursuivre une carrière de « maître queux » comme le souhaitaient ses parents.

1927 : s'affirme sur scène dans le répertoire classique (Tchekhov, Shaw).

1928 : joue dans des courts-métrages d'Ivor Montagu.

1932 : se fait repérer sur scène par les responsables d'Universal et se voit offrir un petit rôle aux côtés de Boris Karloff dans *Une Soirée étrange ; Le Signe de la croix* de Cecil B. DeMille.

1933 : *La Vie privée d'Henri VIII* d'Alexander Korda.

1934 : *L'Extravagant M. Ruggles* de Leo McCarey.

1935 : *Les Révoltés du « Bounty »* de Frank Lloyd.

1936 : *Rembrandt* d'Alexander Korda.

1937 : fonde sa propre maison de production avec Erich Pommer, « Mayflower Pictures », en hommage au navire mythique qui débarqua en Amérique les pères fondateurs de la doctrine puritaine américaine.

1943 : *Vivre libre* de Jean Renoir.

1960 : *Spartacus* de Stanley Kubrick.

1962 : *Tempête à Washington* d'Otto Preminger. Meurt à Hollywood.

roman de David Grubb publié en 1943, *La Nuit du chasseur*. Touché par le style d'inspiration pastorale du livre qui peut donner lieu à des développements moraux, Laughton voit aussi dans le personnage de Harry Powell un énergumène qui pourrait faire partie de la même famille de ceux qu'il a interprétés : Quasimodo, Néron, l'empereur Claude, le capitaine Bligh, Rembrandt, Henri VIII… Tous ont en eux une dimension monstrueuse, déséquilibrée, excessive. Harry Powell, prédicateur ignoble, est de la même graine, offrant une image effrayante et ambiguë de la nature humaine. Mais Laughton renoncera à interpréter lui-même le rôle de l'assassin.

Gregory et lui pensent très vite que le rôle doit être confié à Robert Mitchum, star de la RKO. Le studio acceptant de leur prêter leur vedette, la production arrive alors à facilement rassembler le capital nécessaire (695 000 dollars, ce qui n'a rien d'extravagant) pour faire le film auprès d'United Artists qui exige alors de le distribuer. À ce moment-là, Mitchum jouit d'un grand prestige. En acceptant de jouer Powell, il sort totalement du registre qui est le sien. Interprète déjà d'une cinquantaine de films de genre, Mitchum est abonné aux personnages d'aventurier grande gueule, de bandit séducteur, de justicier brutal, au verbe haut, grinçant et cynique. Mais, avec *La Nuit du chasseur,* il interprète pour la première fois un être définitivement mauvais. Sa complicité avec Laughton est totale sur le plateau, et le réalisateur-comédien est conscient des risques qu'il fait encourir à Mitchum : « Il est capable de convaincre le public qu'il est le personnage qu'il interprète. Incarner de cette manière le mal absolu peut-être dommageable pour son avenir. Et je ne veux pas ruiner sa carrière. Il me faut donc introduire quelques éléments comiques qui viendront occasionnellement briser cette impression. » Le risque était à prendre, car Mitchum est absolument extraordinaire et en effet totalement convaincant. Lorsque ses deux mains miment le combat de l'amour contre la haine, quand sa main droite (celle de l'amour) manipule le couteau, quand son ombre apparaît, quand son chant surgit dans la nuit, quand son prêche (clin d'œil aux texte que lit Laughton à la radio) s'emballe… le frisson est immédiat et vient nourrir les angoisses lancinantes que le film réveille en nous. Jouant avec la notion de merveilleux pour mieux l'obscurcir, le film fait une peinture du monde qui laisse peu de chances à ses jeunes héros, Pearl et John, traqués par un croquemitaine effroyable, et déjà hantés par la culpabilité. La nuit étoilée qui ouvre le film nous rappelle qu'il faut redescendre sur terre et comprendre que le firmament est en fait une nuit peuplée de cauchemars terrifiants. Bénéficiant d'une indépendance financière, Laughton peut tourner le dos aux conventions artistiques imposées par les studios et créer cette première œuvre dans un climat de totale liberté. Il s'entoure alors du chef opérateur Stanley Cortez à qui l'on doit cet aspect parfois surréaliste de la lumière quand les scènes sont au contraire très réalistes. Inspiré par les films de Griffith (à qui Laughton rend hommage en la personne de Lilian Gish dans le rôle de Rachel), le réalisateur cherche à recréer cette atmosphère d'une époque passée, comme il entretient le thème de l'enfance avec nostalgie : les plans de toiles d'araignée, de crapauds et de lapins lorsque les enfants descendent le fleuve sont d'une naïveté presque exagérée, comme l'antienne de la berceuse. C'est avec la même liberté que Laughton demande au compositeur Walter Schumann de partir des images déjà réalisées pour créer sa musique, façon de faire on ne peut plus originale à l'époque. Si ce mélange esthétique a valu beaucoup de critiques à Laughton, il témoigne, dans sa maladresse, de son esprit d'enfant : celui dont l'innocence finit par triompher du mal.

FICHE TECHNIQUE
Drame réalisé par Charles Laughton, 1 h 33, noir et blanc. **Avec :** Robert Mitchum (Harry Powell), Shelley Winters (Willa Harper), Lilian Gish (Rachel Cooper), Billy Chapin (John), Sally Jane Bruce (Pearl), James Gleason (Birdie), Peter Graves (Ben Harper).
Scénario : James Agee, Charles Laughton (non crédité), d'après le roman de David Grubb.
Photographie : Stanley Cortez.
Décors : Al Spencer.
Musique : Walter Schumann.
Montage : Robert Golden.
Production : Paul Gregory Productions ; United Artists.

« *Dans ce beau film, John Ford a l'allure souveraine*
de ces grands maîtres de l'art qui ont définitivement trouvé
leur style et leur manière. »

Le Figaro, 13/08/1956.

La Prisonnière
du désert

« *THE SEARCHERS* »
1956, ÉTATS-UNIS

UN BLOC D'ÉTERNITÉ

Cité systématiquement aujourd'hui par les plus grands cinéastes comme étant un chef-d'œuvre absolu, La Prisonnière du désert *est sans doute le western le plus personnel de John Ford et le plus intriguant de son immense œuvre où le héros, interprété par John Wayne, ébranle par son profond mystère.*

« **J**e m'appelle John Ford et je fais des westerns. » C'est ainsi que se présente le réalisateur au sénateur McCarthy, un jour de 1950, alors qu'il prend la défense de son ami Joseph Mankiewicz contre Cecil B. De Mille, en pleine période d'hystérie anticommuniste. Dès ses premiers films muets, John Ford pose les jalons d'un genre dans lequel il fait aujourd'hui figure d'institution, sans jamais s'y enfermer. Au-delà de l'accomplissement de ce genre, sa carrière montre que Ford érige le western, et son Far West, au rang de mythe, nourri de toutes les thématiques qui en découlent. À cet égard, *La Prisonnière du désert* est le film emblème de l'œuvre gigantesque de Ford dans lequel son comédien préféré, John Wayne, incarne un héros unique des plus raides : l'homme solitaire.

Impressionnant sur le plan de la mise en scène, troublant du point de vue de la narration, *La Prisonnière du désert* convoque dans un premier temps les éléments « pittoresques » qui reviennent tout au long de son œuvre : la cavalerie, des seconds rôles hauts en couleur, Monument Valley (la réserve navajo qui lui sert de décor pour un grand nombre de films), les ennemis indiens, le bétail, les bisons, le désert, le gag, la poésie, le grave,

Ethan Edwards est de retour chez son frère, au Texas, après plusieurs années d'absence. Mais le bonheur des retrouvailles ne dure qu'un temps : la maison est violemment dévastée par une bande de Comanches. Tout le monde est assassiné, à l'exception de la petite Debbie, nièce d'Ethan, qui est enlevée par le chef Éclair. En compagnie de Martin Pawley, son neveu, Ethan fera tout pour retrouver sa nièce, sans jamais fléchir pendant cinq années.

JOHN FORD

1895 : naissance de Sean
O'Fenney à Cape Elizabeth,
Maine.

1913 : rejoint son frère
réalisateur à Hollywood.

1917 : *The Tornado*, premier film
comme réalisateur sous le nom
de Jack Ford. Engagé par
le studio Universal pour lequel
il tourne trente-huit films
jusqu'en 1921.

1928 : *Four Sons*, premier film
parlant, *Hangman's House*,
premier film avec John Wayne.

1939 : *La Chevauchée
fantastique*, avec ce film,
Ford s'impose comme maître
du western.

1940 : *Les Raisins de la colère*,
avec Henry Fonda, d'après
l'œuvre de Steinbeck.

1942 : mobilisé dans l'United
States Navy. Participe à la
campagne du Pacifique.

1946 : *La Poursuite infernale*.

1948 : *Le Massacre de Fort
Apache*.

1949 : *La Charge héroïque*, film
entièrement tourné dans
Monument Valley.

1950 : *Rio Grande*.

1952 : *L'Homme tranquille*.

1966 : *Frontière chinoise*, dernier
film de John Ford.

1973 : reçoit le « Life
Achievement Award »
de l'American Film Institute.
Au même moment, Nixon lui
remet la médaille de la Liberté et
lui donne le grade d'amiral.
Le 31 août, il meurt d'un cancer
chez lui à Palm Desert,
Californie, laissant derrière lui
une œuvre de plus de cent
quarante-cinq films.

le non-dit, la fougue… et évidemment John Wayne, dont la longue carrière est indissociable de celle du réalisateur. Ensemble, ils parcourent le plus long chapitre de l'histoire d'Hollywood.

Plus qu'une mosaïque, *La Prisonnière du désert* est le récit d'une quête dans laquelle le réalisateur marie d'abord des séries qui lui sont profondément chères : le thème de la captive blanche (présent aussi dans *Rio Grande*, *Les Deux Cavaliers*), et de la cavalerie, qui constitue un volet capital de son œuvre (*Le Massacre de Fort Apache*, *La Charge héroïque*, *Rio Grande*). Mais, pour la première fois, Ford met au premier plan un thème qui ne hantait auparavant ses films que discrètement : celui de la peur de l'autre, au travers du personnage détonnant interprété par John Wayne.

Ethan est un héros qui refuse toute attache : on ne sait pas d'où il vient, on ne sait pas où il repart, il refuse systématiquement de se ranger d'un côté ou de l'autre et repousse ceux qui veulent l'accompagner. Où qu'il soit, il est un étranger, mais bizarrement un étranger qui rejette les autres étrangers, comme si l'autre était une éternelle menace. Il hait les Indiens et du coup repousse Marty, le fils adoptif de son frère, qui a un quart de sang cheyenne. Quand il retrouve enfin sa nièce Debbie, objet de sa recherche pendant tout le film, et qu'il réalise qu'elle est devenue une squaw, son sang ne fait qu'un tour et il tente de la tuer. Héros inhabituel dont l'acharnement à atteindre son but est inaltérable, Ethan est aussi l'homme prêt à sacrifier ce même but dès qu'il l'a atteint. Sa soif de vengeance lui fait haïr la race indienne, et pourtant on le sent parfois plus proche des Indiens que des Blancs, comme lorsqu'il découvre avec horreur le carnage opéré par la cavalerie dans un camp indien ou qu'il se moque avec mépris de l'uniforme de l'estafette qui lui apporte un message. Il n'y a qu'au sein du foyer et de la famille biologique qu'il semble être lui-même, mais qui ? Celui qu'il aurait pu être ? Un pionnier marié et père de famille, un homme bon et sage comme son frère Aaron, à qui Ford réserve très vite un destin tragique ? Peut-être, d'autant qu'au travers de symboles, le réalisateur nous guide vers une piste qui encourage le parallélisme : Ethan aurait été autrefois amoureux de Martha, devenue par la suite la femme de son frère. Ethan aurait pu être celui qui la chérit et qui forme une famille avec elle. Mais, au contraire de cela, Ethan est condamné à l'exclusion et à l'instabilité, et sa quête est bien différente du voyage plein d'espérance des *Raisins de la colère* ou du *Convoi des braves*. Au moyen de plans serrés sur l'acteur et par un jeu habile de contrastes, John Ford insiste sur les aspects sinistres – au sens propre du terme – du personnage : la quête de ce dernier n'est pas une délivrance mais une œuvre de mort. Le sauvetage final de Debbie témoigne-t-il de sa grandeur ou bien de sa faiblesse ? De son humanité, sans conteste. Personnalité double, ambiguë, paradoxale, imprévisible, Ethan est le premier héros sombre et insondable de Ford, à l'opposé des hommes de bonne volonté qui ont toujours occupé la première place dans son œuvre. Condamné à l'errance, comme l'annonce la chanson du début du film et comme le prouve le récit en boucle fait d'arrivées et de départs, Ethan est sans doute l'illustration de la nature instable, noire, blessée et obsessionnelle de l'homme telle que la voit John Ford.

Mal accueillie à sa sortie, *La Prisonnière du désert* est depuis la guerre du Viêt-nam considérée comme un chef-d'œuvre. En effet, à partir de cette époque, l'Amérique n'est plus aux yeux du monde cette nation parfaite dont les porte-drapeau et les emblèmes sont systématiquement des hommes droits, clairs, infaillibles et irréprochables. Pour Jean-Luc Godard, *La Prisonnière du désert* est l'un des plus beaux films parlants de l'histoire du cinéma, et pour Paul Schrader – qui, comme Martin Scorsese, revoit ce film au moins une fois par an, il s'agit du plus grand film américain.

FICHE TECHNIQUE

Western réalisé par John Ford, 1 h 59, couleurs.

Avec : John Wayne (Ethan Edwards), Jeffrey Hunter (Martin Pawley), Vera Miles (Laurie Jorgensen), Ward Bond (capitaine/révérend Samuel Clayton), Natalie Wood (Debbie Edwards), Henri Brandon (Éclair), John Qualen (Lars Jorgenson), Hank Worden (Moïse), Lana Wood (Debbie Edwards enfant), Olive Carey (Mrs. Jorgenson), Ken Curtis (Charlie McCorry), Harry Carey Jr. (Brad Jorgenson), Antonio Moreno (Emilio Figueroa), Walter Coy (Aaron Edwards), Dorothy Jordan (Martha Edwards), Pippa Scott (Lucy Edwards), Pat Wayne (lieutenant Greenhill), Beulah Archuletta (Look), Peter Mamakos (Futterman).

Scénario : Frank S. Nugent d'après le roman de Alan LeMay.

Photo : Winton C. Hoch, Alfred Gilks (Technicolor, Vistavision).

Décors : Frank Hotaling, James Basevi, Victor Gangelin.

Costumes : Frank Beetson, Ann Peck.

Musique : Max Steiner.

Montage : Jack Murray.

Production : Merian C. Cooper (Warner Bros/C.V. Whitney Pictures).

« Les films de Ford donnent l'impression d'être des blocs d'éternité qu'on aurait enlevés de force à l'histoire. »

Nicolas Saada.

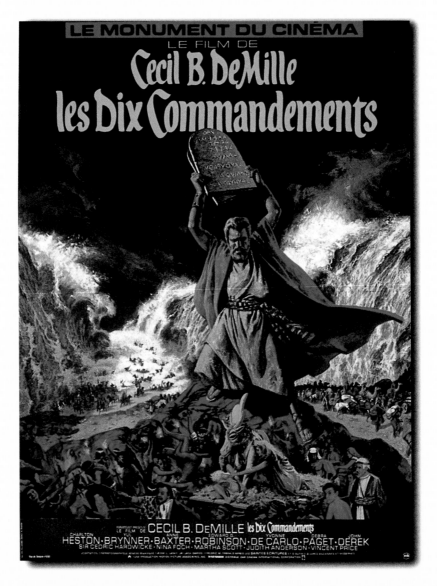

« *La grandeur de De Mille, et sa limite, ce fut de s'intéresser exclusivement à ce qui intéresse le plus grand nombre : l'amour du couple, Dieu, les choses qui se bâtissent.* »

Jacques Lourcelles.

DE CECIL B. DE MILLE

Les Dix Commandements

« *THE TEN COMMANDMENTS* »
1956, ÉTATS-UNIS

LE GRANDIOSE ET L'UNIVERSEL

Tiré de la Bible, « recueil d'histoires » le plus lu au monde, Les Dix Commandements *rapporta plus de 40 millions de dollars rien que sur les tickets de cinéma vendus aux États-Unis en 1956. Cecil B. De Mille, son réalisateur, aristocrate de Hollywood, est si important qu'il a eu carte blanche pour faire son film, avec un budget de 13,5 millions de dollars.*

De Mille a souvent été qualifié, avec une once de mépris, de cinéaste à grand spectacle, alors que ce genre est loin de constituer la partie la plus importante de son œuvre. On a aussi dit de lui, à tort, qu'il fut le spécialiste des films bibliques, alors qu'il n'en tourna que cinq en quarante ans : *Le Roi des rois*, *Le Signe de la Croix*, les deux versions des *Dix Commandements*, et *Samson et Dalila*. Les soixante-dix autres qu'il réalisa appartiennent à tous les genres. D'après Bertrand Tavernier et Jean-Pierre Corsodon (dans *Cinquante ans de cinéma américain*), la déconsidération dont son œuvre riche fait l'objet est loin d'être justifiée, , car elle est peut-être aussi importante que celle de D. W. Griffith.

On ne connaît pas toute l'œuvre muette de De Mille (1914-1927), mais un grand nombre des films qui ont été retrouvés sont des comédies sur le couple qui finissent toujours par prôner la fidélité après avoir mis dans la balance les valeurs de la liberté et celles de la morale. La deuxième partie de cette œuvre muette est riche en mélodrames. En 1929, De Mille tourne son premier film parlant *Dynamite* : l'histoire d'une jeune femme riche, Cynthia, amoureuse de Roger, sans le sou, lui-même

Moïse est élevé à la cour des pharaons, comme Ramsès son rival. Il est aux yeux de tous un conquérant et un bâtisseur. Défenseur des Hébreux et poussé à l'exil dans le désert par Ramsès, Moïse prend la tête du peuple élu à qui il transmet, avec sa foi et sa force, les tables de la Loi et l'espoir de la Terre promise.

FICHE TECHNIQUE
Peplum biblique réalisé par Cecil
B. De Mille, 3h39, couleurs.
Avec : Charlton Eston (Moïse),
Yul Brynner (Ramsès),
Ann Baxter (Nefertiti), Edward
G. Robinson (Dathan), Yvonne
De Carlo (Sephora), Debra Paget
(Lilia), John Derek (Joshua).
Scénario : Fred M. Frank, Jesse
L. Lasky, Jack Gariss, Aeneas
MacKenzie.
Photo : Loyal Griggs,
John Warre, Wallace Kelley,
Peverell Marley.
Effets Spéciaux : John P.
Fulton.
Décors : Hal Pereira, Walter.
Tyler, Albert Nazaki.
Musique : Elmer Bernstein.
Montage : Anne Bauchens.
Production : Cecil B.
De Mille/Paramount.

marié à Marcia. En 1934, il réalise son dernier film antique : *Cléopâtre,* qui ne manque pas d'humour. *Une Aventure de Buffalo Bill* (1937) et *Pacific express* (1939) sont deux très beaux westerns, alors que *Les Flibustiers* (1937) est un film de pirates. Quand bien même De Mille devrait – et ce serait extrêmement réducteur – symboliser le cinéma à grand spectacle, il nous semble qu'il n'y aurait aucune honte à cela. Aucun cinéma ne peut, à nos yeux, souffrir d'ostracisme : il ne doit pas y avoir de hiérarchie des genres. La seule préoccupation de De Mille était de contenter le public, en plus grand nombre.

Si l'histoire de Hollywood est étroitement liée à celle de De Mille qui fut l'un des fondateurs du studio de la Paramount, l'histoire de De Mille en dit aussi long sur Hollywood. Entre 1910 et 1920, la population de Hollywood est passée de 5 000 personnes à 36 000 (elle est aujourd'hui de 280 000). Les champs ont été remplacés par des bureaux, de luxueuses résidences, des appartements et des bungalows. L'industrie du cinéma, en plein développement, participe de façon considérable à l'expansion de cette partie de Los Angeles. Sur le fameux Hollywood Boulevard, au milieu de l'année 1922, une somptueuse salle de cinéma ouvre ses portes : *The Egyptian Theater.* Colonnes, statues, palmiers, fontaines… rien n'est assez beau pour célébrer le Cinématographe. Le 4 août 1923, on y projette en avant-première le nouveau film de Cecil B. De Mille : *Les Dix Commandements.* En deux parties, le film raconte dans un premier temps l'histoire de la libération du peuple juif ; Moïse au Sinaï pour y recevoir les dix commandements et, dans une scène magnifique l'adoration du veau d'or avant le retour de Moïse. Les scènes de foule y sont grandioses. La deuxième partie est une histoire contemporaine, illustration au quotidien des dix commandements : les MacTavish, deux frères ennemis, sont amoureux de la même femme (comme le sont Moïse et Ramsès). Le conflit entre eux commence à prendre de l'ampleur quand John réalise que Dan utilise du matériel défectueux pour construire une cathédrale, provoquant un accident qui tue leur mère. Ce film coûta 1,4 million de dollars et en rapporta quatre. C'est pour l'époque un évènement équivalent à celui de *Titanic* aujourd'hui. Les moyens mis en œuvre sont colossaux et les effets spéciaux impressionnants pour l'époque. Une grande partie du décor est installée dans les dunes Nipomo, à 270 kilomètres au nord de Los Angeles, espace suffisant et le plus proche pour accueillir un tel tournage : un décor de 36 mètres de haut et de 220 mètres de large, 1 500 ouvriers, 3 500 acteurs et figurants, 125 cuisiniers qui servent chaque jour 7 500 sandwichs, 300 chariots construits spécialement...

Les Dix Commandements 1956 est un remake, sonore en couleurs, de la première partie de ce film de 1923. De Mille, sachant que l'aspect spectaculaire de scènes, comme le miracle de la mer Rouge, envoûte le public, choisit de mettre l'accent sur l'éblouissement : « Toute ma vie, je me suis étonné du nombre de gens qui ont été détournés du christianisme par ces christs efféminés et papelards, fabriqués à la chaîne par des artistes de seconde zone, jugés juste assez bons pour le catéchisme ». Certes *Les Dix Commandements* peut relever d'une imagerie religieuse dramatique et naïve, mais les histoires qui nous sont racontées dans ce film ne manquent ni de souffle ni de couleurs et ont incontestablement marqué tous ceux qui les ont vues. Si le nom De Mille est aujourd'hui associé à gigantisme et superproduction, c'est que l'on confond les moyens et la fin. *Les Dix Commandements* (1956) est son dernier film.

En 1998, après un long effort de recherches de subventions, la Cinémathèque américaine est fière de rouvrir les portes de l'*Egyptian Theater* restauré. Pour inaugurer cette renaissance, on y projette la première version du film de De Mille accompagnée d'un orchestre. Dix ans auparavant, des archéologues avaient entamé des fouilles dans les dunes Nipomo afin de retrouver des objets du tournage et des morceaux du décor, qui furent exposés, comme des antiquités, dans le hall de l'*Egyptian*. Conquérant et bâtisseur, De Mille le fut donc aussi.

CECIL B. DE MILLE
1881 : naissance à Ashfield, Massachusetts, de Cecil Blount De Mille que ses parents épiscopaliens élèvent dans le culte de la Bible.
1912 : travaille avec Jesse L. Lasky, producteur de comédies musicales
1913 : les deux compères s'orientent vers le cinéma et fondent *The Lasky (future Paramount) Film Company* avec Samuel Goldfish qui deviendra Samuel Goldwyn.
1914 : produisent leur premier film que De Mille réalise : *L'Homme Squaw*. C'est pour De Mille le premier d'une longue liste de 60 films muets.
1915 : *The Cheat* attire vraiment l'attention de la critique.
1929 : *Dynamite*, premier film parlant.
1932 : *Le Signe de la Croix*.
1934 : *Cléopâtre*.
1937 : *Une aventure de Buffalo Bill, Les Flibustiers*.
1939 : *Pacific Express*.
1944 : *L'Histoire du Dr Warrel*.
1949 : *Samson et Dalila*.
1950 : *Sous le plus grand chapiteau du monde* ; joue son propre rôle dans *Sunset. Boulevard* de Billie Wilder.
1959 : meurt à Hollywood.

« Certains l'aiment chaud [...] réalise un [...] rêve impossible :
celui d'être, enfant, enfermé dans "l'armoire à confiture",
celui d'être, homme, initié de l'intérieur au monde des femmes. »

L'Express, 02/10/1959.

Certains l'aiment chaud

« *SOME LIKE IT HOT* »
1959, ÉTATS-UNIS

TOUT LE MONDE AIME MARILYN

*La meilleure interprétation de Marilyn au cinéma,
dont l'irrésistible* I Wanna Be Loved by You *donne
encore aujourd'hui la chair de poule,
« Personne n'est parfait », une phrase légendaire qui
provoque toujours des éclats de rire tout autour du globe,
un énorme succès au box-office qui continue de durer...
Certains l'aiment chaud est aussi le plus grand film
comique de tous les temps.*

« **J**'ai déjà joué les blondes stupides, mais jamais à ce point-là ! On voudrait que je devienne l'amie de deux hommes habillés en femmes sans me douter de quoi que ce soit ? Je ne ferai pas ça ! Jamais ! » dit Marilyn Monroe à son mari Arthur Miller le jour où elle lit le synopsis de *Certains l'aiment chaud*. Pourtant, Marilyn ne sera jamais aussi vraie que dans cette comédie de Billy Wilder où la mascarade, le mensonge, le travestissement et la parodie sont à l'honneur de bout en bout.

Wilder a déjà tourné avec Marilyn dans *Sept Ans de réflexion*, et le fameux plan de sa robe virevoltant au-dessus d'une bouche de métro new-yorkais a définitivement fait d'elle LA star de cinéma. En lui proposant le rôle de Sugar Cane, Wilder sait qu'elle y sera extraordinaire, car le personnage est un mélange de Marilyn-la femme et Marilyn-l'actrice. Convaincue par Lee Strasberg, Marilyn accepte finalement de jouer dans le film. Ses contradictions et ses faiblesses y sont irrésistibles, son charme et son sex-appeal impérieux. Personnage touchant et comique, victime et adulée, alcoolique et sobre, sotte et d'une infinie grandeur de cœur... Marilyn est immense dans le rôle de Sugar parce

Chicago 1929, Joe et Jerry, musiciens, n'ont plus un sou lorsque le cabaret où ils exercent est victime du massacre de la Saint-Valentin. Témoins de la fusillade, Joe et Jerry trouvent un moyen de quitter la ville pour échapper aux griffes de Spats Colombo, en rejoignant un orchestre exclusivement féminin qui part pour la Floride. Déguisés en femmes, ils voient leurs affaires se compliquer quand Joe/Joséphine tombe amoureux de Sugar, la chanteuse du band, qu'il s'invente un personnage de milliardaire impuissant pour la séduire, qu'un vrai milliardaire (Osgood Fielding III) tombe, lui, amoureux de Daphné/Jerry et que Spats et ses sbires refont surface...

BILLY WILDER

1906 : naissance à Sucha (Empire austro-hongrois, maintenant Pologne) de Samuel Wilder-Baldinger.

1926 : quitte Vienne pour Berlin. Après avoir été journaliste, écrit des scénarios qui ne se vendent pas. Exerce l'activité de « danseur mondain ».

1929 : réalisation par Robert Siodmak des *Hommes le dimanche* dont Wilder a écrit le scénario. Contrat avec la UFA.

1934 : réalise avec Alexander Esway à Paris *Mauvaise Graine* avec Danielle Darrieux. S'installe aux États-Unis, la Paramount lui propose un contrat.

1944 : *Assurance sur la mort.*

1950 : *Boulevard du crépuscule.*

1955 : *Sept Ans de réflexion.*

1960 : *La Garçonnière.*

1981 : *Buddy, Buddy.*

2002 : meurt d'une pneumonie à Beverly Hills, Californie.

que, contrairement aux autres, la jeune joueuse de ukulélé est un personnage dont la logique repose sur le naturel, interprété avec grand talent par une tout à fait Marilyn, et non par l'icône Marilyn. Billy Wilder dit d'elle : « Elle avait un charme que ne possédait aucune autre actrice : une véritable auréole sur le front », « Marilyn était un véritable génie en tant qu'actrice comique, elle avait un sens extraordinaire du dialogue comique. Je n'ai jamais trouvé après elle aucune femme comparable. »

Billy Wilder et son coscénariste I.A.L. Diamond (dit Izzy) commencent à travailler sur le script au début de l'année 1958. Ils n'avaient pour point de départ qu'une scène d'un film allemand, *Fanfaren der Liebe,* dans lequel deux musiciens se déguisent pour intégrer un orchestre féminin. Wilder et Diamond ne sont convaincus qu'il y a un film possible que lorsqu'ils trouvent le contexte dans lequel se déroule l'histoire (la prohibition) et l'événement du massacre de la Saint-Valentin. Travaillant entre six et neuf heures quotidiennement au scénario jusqu'au premier coup de manivelle (août 1958), ils continueront aussi à écrire le soir, pendant le tournage. L'écriture entamée, Wilder peut commencer le casting. Après avoir pensé à Frank Sinatra pour le rôle de Joe, Diamond et lui écrivent les rôles masculins pour Jack Lemmon et Tony Curtis. Marilyn accepte finalement de jouer en avril 1958. La production rédige les contrats : le cachet de Marilyn s'élève à 300 000 dollars, plus un pourcentage sur les recettes ; Curtis et Lemmon signent chacun pour 100 000 dollars, Wilder, lui, est payé 200 000 dollars pour la réalisation et l'écriture avec un important pourcentage sur les recettes ; son coauteur reçoit 60 000 dollars. Le budget initial du film est estimé à 2 373 490 dollars, mais les ennuis avec Marilyn sur le tournage – ponctualité, problèmes de concentration – provoquent un important retard sur le plan de travail et un dépassement du budget.

« C'est un scénario sans problème et un film sans problème, dit Wilder [...]. Tout s'est passé comme sur des roulettes. Notre principale difficulté, c'était d'assurer la performance de Marilyn Monroe. Elle était tantôt absolument merveilleuse tantôt épouvantable, incapable de mémoriser une phrase et nous obligeait à passer une journée entière sur une seule réplique. » Dès que Marilyn s'enlise, le tournage devient pénible aussi pour Lemmon et Curtis qui sont obligés de faire et de refaire la scène des dizaines de fois (parfois jusqu'à soixante prises), dans leurs chaussures à talons qui sont un véritable supplice. Wilder prévient les deux comédiens qu'ils ont intérêt à « assurer », car, à chaque fois que Marilyn réussira une scène, ce sera la bonne : « Alors, si vous vous coincez un doigt dans un trou quelconque, ce sera dans le plan. » Jack Lemmon raconte à cette époque qu'il fait des cauchemars : il rêve qu'ils en sont à la cent cinquantième prise, que Marilyn arrive enfin à dire son texte, mais que c'est lui qui se met à bafouiller.

Dès le mois de septembre, Marilyn écrit à son ami Norman Rosten : « Nous voguons en eaux tumultueuses. La traversée est agitée et périlleuse. » Ce que Wilder et les autres ne savent pas, c'est que Marilyn est enceinte et qu'elle se sent terriblement seule. Et son angoisse ne fait qu'augmenter sa dépendance aux barbituriques. Les derniers jours de tournage sont tendus, et Wilder n'arrive pas à trouver la scène finale du film. Diamond et lui l'écrivent la veille au soir, et finalement Izzy finit par lâcher « personne n'est parfait » ! Le 17 décembre, la projection officielle fait un tabac et, depuis, le rire que provoque *Certains l'aiment chaud* n'a pas cessé de retentir. Ce film est le plus grand succès de Billy Wilder. Il a à ce jour réalisé plus de 47 millions de recettes et rapporté aux héritiers de Marilyn Monroe plus de 4,5 millions de dollars.

« Faire un film avec Marilyn, c'était comme aller chez le dentiste. On souffrait l'enfer du début à la fin, mais ensuite, c'était merveilleux. »

Billy Wilder.

FICHE TECHNIQUE

Comédie réalisée par Billy Wilder, 2 heures, noir et blanc.
Avec : Marilyn Monroe (« Sugar Cane » Kowalski), Jack Lemmon (Jerry), Tony Curtis (Joe), George Raft (Spats Colombo), Joe E. Brown (Osgood Fielding III), Pat O'Brien (Mulligan), Nehemiah Persoff (Petit Bonaparte), George E. Stone (Charlie Cure-dents), Joan Shawlee (Sweet Sue), Dave Barry (Beinstock), Billy Gray (Sig Poliakoff), Edward G. Robinson Jr. (Paradise).
Scénario : Billy Wilder, I.A.L. Diamond d'après une idée de R. Thoeren et M. Logan.
Photographie : Charles Lang Jr.
Décors : Edward G. Boyle.
Direction artistique : Ted Haworth.
Son : Fred Lau.
Musique : Adolph Deutsch.
Montage : Arthur Schmidt.
Production : Billy Wilder/Mirish Production, associés à Doan Harrison, I.A.L. Diamond.

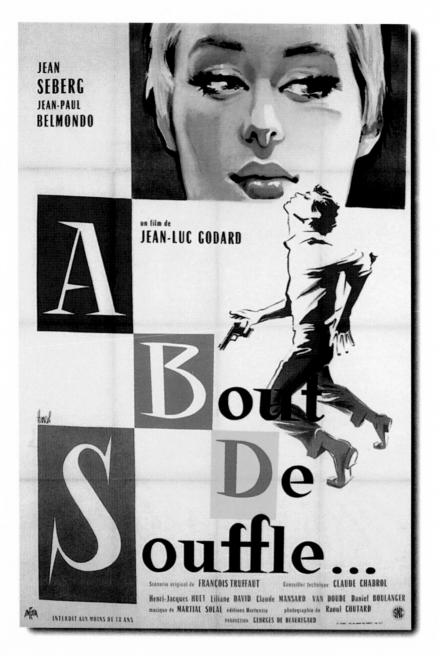

« *Godard a réussi quelque chose de très rare, car son film est à la fois vrai en profondeur, et brillant en surface.* »

L'Express, 23/12/1959.

JEAN-LUC GODARD

À bout de souffle

1960, FRANCE

UN FILM MANIFESTE

Provocation, fumisterie ou œuvre de génie ?
Le film réalisé avec un petit budget de 400 000 francs
est un événement dans l'histoire du cinéma. Sa radicale
nouveauté en fait un film manifeste pour toute
une génération.

« Ce que je voulais, c'était partir d'une histoire conventionnelle et refaire, mais différemment, tout le cinéma qui avait déjà été fait » déclare Jean-Luc Godard deux ans après la réalisation de *À bout de souffle*, son premier long-métrage. Beaucoup plus que le point final du cinéma d'une certaine époque, ce film est le point de départ d'un cinéma moderne, qui va au-delà de la période des années soixante. En totale rébellion par rapport à un cinéma français ankylosé, Truffaut (dont *Les 400 coups* a reçu la palme d'or au festival de Cannes l'année précédente), Chabrol, Rohmer, Rivette... tous critiques et cinéphiles, créent la Nouvelle Vague en inventant un cinéma libre de ton et de mouvement. Si pour eux les films de Delannoy, Duvivier, Grémillon... incarnent tout ce qu'ils détestent, la passion pour le cinéma en général et le film noir américain en particulier sont de véritables sources d'inspiration. Le film de Godard est en cela une véritable dédicace : « Je raisonnais en fonction d'attitudes purement cinématographiques. Je faisais certains plans par rapport à d'autres que je connaissais, de Preminger, de Cukor, etc. C'est à rapprocher de mon goût de la citation que j'ai toujours gardé »

Michel Poiccard, après avoir volé une voiture à Marseille, tue un motard sur la route qui l'emmène à Paris. Amoureux de Patricia, une jeune étudiante américaine chez qui il se réfugie, il évolue dans Paris en tentant d'échapper à la police. Finalement, après avoir répondu à l'interrogatoire de l'inspecteur Vidal, Patricia dénonce Michel. Elle tente de le prévenir, mais il est déjà trop tard : Michel est abattu par un policier.

FICHE TECHNIQUE
Comédie dramatique réalisée
par Jean-Luc Godard, 1 h 30,
noir et blanc.
Avec : Jean-Paul Belmondo
(Michel Poiccard/Laszlo
Kovacs), Jean Seberg (Patricia
Franchini), Van Doude
(le journaliste américain),
Daniel Boulanger (l'inspecteur
Vidal), Henri-Jacques Huet
(Antonio Berruti), Jean-Pierre
Melville (Parvulesco),
Roger Hanin (Carl Zubart).
Scénario : François Truffaut,
Jean-Luc Godard.
Photo : Raoul Coutard.
Son : Jacques Maumont.
Musique : Martial Solal.
Montage : Cécile Decugis.
Collaboration artistique :
Claude Chabrol.
Production :
Georges de Beauregard.

déclare Godard. Apparitions d'affiches de films à l'écran, scène où les personnages vont voir un film dont on entend la bande-son, utilisation massive de personnalités du cinéma comme acteurs secondaires (de Jean-Pierre Melville à Philippe de Broca en passant par Jean Douchet et Jacques Rivette), sujet de conversation entre les personnages (« Tu fais toujours du cinéma ? » demande Michel à une de ses amies, « Oh non, faut coucher avec trop de types » répond-elle, annonçant l'invective de la femme du régisseur dans *La Nuit américaine* de François Truffaut), le cinéma habite *À bout de souffle*, mais pas toujours de façon aussi directe. À l'origine du film, il y a un scénario d'une page et demie de François Truffaut, inspiré d'un des faits divers les plus couverts par la presse populaire des années 50. Récit d'un couple en fuite, le film est, dans son genre, très proche de *J'ai le droit de vivre* de Fritz Lang ou des *Amants de la nuit* de Nicholas Ray. Belmondo, le pouce allant et venant sur ses lèvres, cigarette à la bouche, chapeau vissé sur la tête, rappelle Humphrey Bogart, notamment dans *Plus dure sera la chute* de Mark Robson, dont on voit l'affiche dans le film. L'ours en peluche de la jeune fille brune renvoie à celui que manipule Gabin, lui aussi assassin dans *Le Jour se lève*. Lorsque Michel tire avec son revolver dans le soleil, on pense au *Tigre du Bengale* de Fritz Lang, film sorti un an plus tôt. Le film de Godard reprend même des épisodes récurrents du film noir : la femme aimée qui trahit, la double filature, la figure énigmatique de l'inspecteur (Vidal), le couloir d'immeuble pour passer d'une rue à une autre… Hommage, *À bout de souffle* est aujourd'hui un film culte : c'est son affiche que les passionnés de cinéma accrochent à leurs murs, ses photos que l'on achète sous forme de carte postale pérennisant ainsi la légende du film qui salue lui-même des légendes antérieures.

S'il est fidèle à une tradition, *À bout de souffle* est aussi un manifeste. Brutale secousse dans un cinéma français confortablement installé, le film en choque plus d'un à sa sortie, car rien n'y est fait comme avant. Le scénario développé au final par Godard ne fait qu'une vingtaine de pages (contre au moins une centaine pour un scénario normal) et laisse une grande place à la création au moment du tournage. Le premier jour, Jean Seberg est frappée par cette étrange façon de travailler : au bout de deux heures, Godard a paraît-il fermé son cahier et déclaré que c'était fini pour la journée, étant à court d'idées. Pour plus de mobilité et d'efficacité, la caméra est tenue à la main dans le style reportage télévisuel. Si on ne s'encombre pas de prise de son pour les comédiens, réenregistrer leurs dialogues après le tournage en studio demande beaucoup de temps. On préfère les décors naturels découvrant Paris au studio, aussi bien en intérieur qu'en extérieur. La vitesse, obsession godardienne – présente comme thème dans le film dès la première séquence : « Comme disait le vieux père Bugatti, les voitures sont faites pour rouler, et pas pour s'arrêter » –, régit donc aussi la mise en scène.

La manière très libre dont parlent les personnages est inspirée par le film de Jean Rouch, *Moi, un Noir,* sorti en 56. En même temps qu'il invente une nouvelle façon de tourner et de filmer, Godard réinvente le langage au sein du film, et c'est peut-être sur ce point que les critiques ont été les plus virulentes. Bien qu'on y retrouve le langage du « milieu » comme dans *Touchez pas au grisbi* ou *Bob le flambeur,* le metteur en scène exploite à fond la gouaille de Belmondo et son don pour faire claquer les mots qu'il fait se confronter à l'accent américain de sa partenaire. La structure du dialogue classique est détruite au profit d'une exploration de toutes les facettes du langage : français courant, argot, expressions intellectuelles, histoires drôles, monologues, digressions, citations, anecdotes et mots étrangers, jusqu'à une certaine vulgarité dont le fameux « Je peux pisser dans le lavabo » révulsa l'historien du cinéma Georges Sadoul. Moderne, Godard fait aussi apparaître la femme à l'aise et simple, rompant radicalement avec les usages dominants de représentativité de la féminité au cinéma.

JEAN-LUC GODARD

1930 : naissance à Paris de Jean-Luc Godard.

1949 : s'inscrit en propédeutique à la Sorbonne et fréquente les ciné-clubs du quartier latin et la Cinémathèque française. Fait la connaissance d'Éric Rohmer, François Truffaut, Jacques Rivette.

1950 : publie ses premiers articles dans *La Gazette du cinéma.*

1952 : écrit dans *Les Cahiers du cinéma* sous le pseudonyme de Hans Lucas.

1954 : embauché comme ouvrier sur la construction du barrage de la Grand-Dixence, il en tire un premier court-métrage : *Opération béton.*

1955 : *Une femme coquette,* premier d'une série des quatre courts-métrages produits par Pierre Braunberger.

1957 : *Tous les garçons s'appellent Patrick.*

1958 : *Charlotte et son Jules* avec Belmondo, *Une histoire d'eau* avec Truffaut.

1961 : *Une femme est une femme.*

1963 : *Le Mépris.*

1965 : *Alphaville, Pierrot le fou.*

1966 : *Masculin-féminin.*

1967 : *Deux ou trois choses que je sais d'elle.*

1976 : *Numéro deux,* premier film avec Anne-Marie Miéville.

1980 : *Sauve qui peut (la vie).*

1982 : *Passion.*

1983 : *Prénom Carmen.*

1985 : *Je vous salue Marie, Détective.*

1987 : *Soigne ta droite.*

1990 : *Nouvelle Vague.*

1993 : *Hélas pour moi.*

1995 : *JLG, JLG.*

1996 : *For ever Mozart.*

2001 : *Éloge de l'amour.*

2002 : *Dans le noir du temps.*

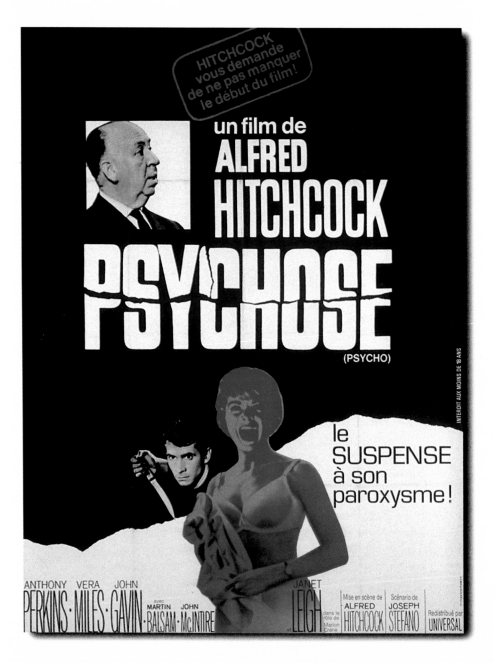

« Psychose *est bel et bien un film de terreur.*
Tous les accessoires du vieux et du Grand-Guignol. »

Le Monde, 27/10/1960.

Psychose

« *PSYCHO* »
1960, ÉTATS-UNIS

L'IRRÉSISTIBLE PLAISIR DU SUSPENSE

Une demeure dont l'ombre effrayante se découpe dans la nuit, des animaux empaillés, une musique angoissante et par moments stridente, un couteau tranchant brutalement un rideau de douche... Psychose est le film le plus effrayant de toute l'œuvre brillante d'Alfred Hitchcock.

L e succès de *La Mort aux trousses,* film précédent à gros budget, avait confortablement assis la fortune d'Alfred Hitchcock, mais, avec *Psychose*, film pourtant modeste, le roi du suspense devient carrément richissime. Le film, adapté du livre de Robert Bloch dont il a gardé le titre, est lui-même inspiré de l'histoire personnelle d'Ed Gein, reconnu coupable d'avoir tué deux femmes à Plainfield dans le Wisconsin en 1957. Avec la tête de ses victimes, le meurtrier avait fait des abat-jour, avec la peau de leur corps, des sièges. Et, pendant douze ans, il avait conservé sa mère morte chez lui. Le cas de figure est tellement horrible qu'à la Paramount on jugea qu'il était impossible d'en tirer une adaptation. Hitchcock arrive à convaincre le studio en offrant de financer lui-même la majeure partie du film (8 000 dollars) contre 60 % du négatif. Le metteur en scène travaille à trouver la forme la plus adaptée à son projet et va une fois de plus innover. Sur le modèle des petits films d'horreur et de série B qui marchent bien en salle, il choisit le noir et blanc ainsi que des conditions de tournage souples, plus proches de celles de sa série pour la télévision « Alfred Hitchcock Présents ». Hitchcock veut

Marion Crane aimerait épouser Sam Loomis, mais le manque d'argent empêche leur mariage. Chargée par son patron de déposer 40 000 dollars à la banque, Marion les dérobe. Elle fuit la ville et atterrit dans un motel étrange, tenu par Norman Bates et sa mère. Soudain, alors qu'elle prend sa douche, Marion est assassinée à coups de couteau par la mère de Norman. Norman découvre le crime commis par sa mère et en efface toutes les traces. Il jette le corps et la voiture de Marion dans un marais. Un détective privé, chargé de retrouver l'argent volé par Marion, se présente au motel et est à son tour assassiné. Sam et la sœur de Marion se rendent chez les Bates. La police leur apprend que la mère de Norman est morte depuis dix ans avant de découvrir que Norman se prend pour elle.

ALFRED HITCHCOCK

1899 : naissance d'Alfred Hitchcock à Leyton, région est de Londres. Son père est un riche épicier en gros.

1914 : arrête ses études et se fait embaucher comme dessinateur et rédacteur d'intertitres pour des films muets.

1922 : entame *Number Fourteen* comme réalisateur, film qui restera inachevé. Devient assistant réalisateur, scénariste et monteur.

1925 : *The Pleasure Garden*, premier film.

1926 : *Les Cheveux d'or*, premier succès commercial.

1927 : *Le Masque de cuir*, dont le scénario est aussi entièrement de lui.

1929 : *Chantage*, premier film parlant.

1934 : *L'homme qui en savait trop*, dont il fera un remake en 1956.

1935 : *Les Trente-Neuf Marches*.

1937 : *Jeune et innocent*.

1938 : *Une femme disparaît*.

1940 : contacté par Selznick, il commence une nouvelles carrière aux États-Unis avec *Rebecca, Correspondant 17* : Hitch participe à sa manière à l'effort de guerre.

1943 : *L'Ombre d'un doute*.

1945 : *La Maison du Docteur Edwards*.

1948 : *La Corde*.

1950 : *Le Grand Alibi*.

1951 : *L'Inconnu du Nord-Express*.

1954 : *Le crime était presque parfait, Fenêtre sur cour*.

1956 : *L'homme qui en savait trop*.

1958 : *Sueurs froides*.

1963 : *Les Oiseaux*.

1980 : mort à Los Angeles de sir Alfred Hitchcock.

Anthony Perkins pour interpréter Norman Bates, un choix judicieux qui lui permet de jouer sur l'ambiguïté de l'acteur. Pour le rôle de Marion, un personnage qui disparaît à la fin du premier tiers du film, le metteur en scène choisit une grande vedette, Janet Leigh, comme si Hitch voulait multiplier les chances de rendre le passage de son héroïne inoubliable. Un autre point fort, la musique. Composée par Bernard Herrmann, elle est à la fois envoûtante et par moments terrifiante. Elle est partie intégrante du film, et Hitchcock avoua lui-même que « le tiers de l'efficacité de *Psychose* provient de la musique ». Interrogé sur la scène du meurtre, Herrmann répond : « Les gens rient lorsqu'ils apprennent qu'il n'y avait que des violons, et c'est ce qui m'intéresse. » Le film marche tellement bien à sa sortie qu'il rapporte à son réalisateur, du fait de son investissement initial, 2 500 000 dollars et 13 millions en tout de son vivant.

La prouesse d'Hitchcock est d'avoir fait du rapport spectateur-film un principe du film. Comme l'avait exigé Clouzot pour *Les Diaboliques*, aucun retardataire ne peut être accepté dans la salle une fois la projection commencée ; Hitchcock s'assure ainsi de l'attention optimale de chacun des spectateurs. En effet, dès la première scène, le public est directement sollicité.

Phoenix, Arizona, vendredi 11 décembre, 14 h 43, le spectateur entre de façon indiscrète dans la chambre d'un hôtel borgne par la fenêtre, dont les stores sont baissés. Dans cette chambre, un couple, sur un lit, s'embrasse et s'étreint. Immédiatement, l'esprit du spectateur est vivement intéressé par ce spectacle : nous sommes en plein après-midi, et ce qui se joue ici se déroule en retrait du monde ; nous assistons à une scène très intime où les deux protagonistes expriment une grande soif charnelle l'un pour l'autre. D'emblée, Hitchcock place le spectateur dans la situation du voyeur. De plus, il renforce cette position en attisant sa curiosité : la sublime Janet Leigh, connue de tous, apparaît sur l'écran pour la première fois en soutien-gorge (voyeur) ; étant à demi-nue, elle ne montre donc pas tout et, du coup, frustre au moins la moitié masculine du public qui voudrait en « voir plus » (curieux). Hitchcock nous place devant *Psychose* comme James Stewart dans *Fenêtre sur cour*, avant que l'on prenne la place de Norman Bates qui, par un trou pratiqué dans un mur de son bureau, regarde Marion se déshabiller quand elle se prépare à entrer dans la douche. Le glissement d'identification entre un curieux sympathique et un malsain irritant (à ce stade de l'histoire) accentue alors l'impression de malaise.

C'est par le biais du voyeurisme qu'Hitchcock a décidé de mener progressivement son spectateur du frisson à l'angoisse. L'ingéniosité de sa mise en scène provoque un sentiment de terreur ascendant, où les escaliers jouent un grand rôle. Dans le dernier volet de cette tragédie, on regarde Norman monter l'escalier de la maison, la caméra s'approche de la chambre sans y pénétrer. On l'entend se disputer avec sa mère. Après un arrêt, on assiste à l'enlèvement de sa mère par une plongée qui semble écraser le personnage sous le poids de la culpabilité et annonce sa chute prochaine. Pour Jean Douchet, ce mouvement de caméra reproduit le mouvement cinématographique de tout le suspense hitchcockien : un glissement, un arrêt et un heurt suscité en nous par la plongée finale.

Si, comme l'affirme Hitchcock, le public a toujours aimé avoir peur, son intense participation voulue par le metteur en scène le mène alors à la catharsis, lui permettant de se défouler, de se purifier et de se confesser. Le point culminant de cette peur intervient à la fin : l'ultime dispute entre Norman et sa mère est insupportable, comme si la vieille dame déchaînait sa fureur monstrueuse contre nous. Mais la curiosité continue de venir se mêler à l'effroi, car nous avons terriblement envie de voir cette femme en pleine lumière, autrement que sous la forme d'une ombre ou d'une silhouette. Ce n'est qu'en se trouvant nez à nez avec son cadavre momifié que le mystère se dissipe et que l'angoisse fait place au soulagement.

Le succès du film, sa notoriété et la force du personnage de Norman Bates ont engendré trois suites et un remake à *Psychose*. C'est sûr : le public aime terriblement avoir peur !

FICHE TECHNIQUE

Film policier réalisé par Alfred Hitchcock, 2 h 20, noir et blanc.
Avec : Anthony Perkins (Norman Bates), Janet Leigh (Marion Crane), Vera Miles (Lila Crane), John Gavin (Sam Loomis), Martin Balsam (Milton Arbogast), John McIntire (le shérif Chambers), Simon Oakland (Dr Richmond), Frank Albertson (Tom Cassidy), Pat Hitchcock (Carolyn), Vaughn Taylor (George Lowery).
Scénario : Joseph Stefano, James Cavanagh, Alfred Hitchcock, d'après le roman de Robert Bloch.
Photo : John L. Russell, Rex Wimpy.
Son : Waldon Watson.
Direction artistique : Joseph Hurley, Robert Clatworthy.
Décors : George Milo.
Musique : Bernard Herrmann.
Montage : George Tomasini.
Production : Alfred Hitchcock (Paramount).

« Voilà le genre de film et de spectacle auquel doit viser le cinéma d'aujourd'hui. »

Libération, 20/03/1963.

Lawrence d'Arabie

« *LAWRENCE OF ARABIA* »
1962, GRANDE-BRETAGNE

PORTRAIT D'UN ANTIHÉROS

Description ambitieuse d'un personnage ayant existé,
Lawrence d'Arabie *pose la question des rapports*
entre cinéma et histoire. Se déroulant comme
un long souvenir du parcours d'un personnage
indéfinissable, le film exerce aussi la fonction de verre
grossissant sur la nature humaine en montrant
sa grandeur et sa petitesse.

« Qui était Lawrence d'Arabie, dont la destinée fut forcément exceptionnelle pour qu'on en fasse un film ? », et si l'on connaît T. E. Lawrence, aventurier et écrivain dont le livre *Les Sept Piliers de la sagesse* génère le scénario du film, on se demande alors : « Comment le film va-t-il nous parler de Lawrence ? ». La forme narrative utilisée, le flash-back, donne d'autant plus d'importance au rôle joué par le personnage de Lawrence dans l'histoire que, par nature, il nous fait nous retourner sur une période passée. Sur le caractère exceptionnel supposé du personnage est apposé en première séquence le récit à la fois tragique et stupide de sa mort dans un accident de moto, nous suggérant de ne jamais oublier que Lawrence fut avant tout un homme... qui aimait les sensations fortes.

Cette question de l'identité est omniprésente dans le scénario de Robert Bolt, et cela dès les premières minutes du film. Quand, dans le film, après l'enterrement du héros, on interroge ceux qui ont été ses proches et ses supérieurs, ils offrent tour à tour des réponses de natures différentes et des appréciations opposées : « C'était l'homme le plus extraordinaire que j'aie

En 1916, le lieutenant Lawrence est chargé de venir en aide au prince Fayçal menacé par les Turcs. Grâce au soutien des cheikhs Auda et Ali, il parvient à prendre le port d'Akaba. Mais bientôt, après la défection d'Ali, l'Empire turc est partagé entre les Français et les Anglais, et le rêve d'offrir aux Arabes leur indépendance s'évanouit pour Lawrence. Il prend la ville de Damas, met sur pied un Conseil arabe qui se transforme en fiasco. Brisé et impuissant, Lawrence rentre en Angleterre.

DAVID LEAN

1908 : naissance à Croydon, Angleterre, de David Lean. Son père, quaker, est expert-comptable.

1927 : est engagé comme assistant opérateur sur *Quinneys*, de M. Elvey.

1931 : assure le montage de *These Charming People* de L. Mercanton et montera une vingtaine de films par la suite.

1942 : seconde Noel Coward à la réalisation sur *Ceux qui servent en mer*.

1944 : première réalisation : *Heureux Mortels*.

1946 : *Les Grandes Espérances*.

1948 : *Oliver Twist*.

1953 : *Chaussure à son pied*.

1954 : *Vacances à Venise*.

1957 : *Le Pont de la rivière Kwaï*.

1965 : *Le Docteur Jivago*.

1970 : *La Fille de Ryan*.

1984 : *La Route des Indes*.

1991 : meurt à Londres d'un cancer.

connu », « Je ne le connaissais pas bien », « J'ai eu le privilège de le connaître et de le faire connaître au monde. C'était un poète, un lettré et un grand guerrier. C'était aussi le plus grand exhibitionniste depuis Barnum à Beiley », « Il avait un poste de subalterne dans mon état-major, au Caire ». La couleur est annoncée : il ne sera pas facile de répondre aux questions que pose le titre. Mais si l'on voulait simplement définir le personnage par l'intrigue, on dirait que Lawrence fut un homme habité par sa mission (donner aux Arabes leur indépendance), un prophète illuminé qui perd le contrôle de son exceptionnel destin après avoir subi les sévices de ses geôliers turcs.

C'est dans le désert que Lawrence réalise ses exploits, c'est donc dans l'infiniment grand qu'il accède à la grandeur. Confronté au néant, il est aussi seul face à lui-même et médite sur sa condition. À deux reprises, on le voit, le soir au bivouac, qui semble s'abîmer dans la contemplation du ciel étoilé. Face à son destin, l'homme est aussi face à Dieu, infiniment petit. La figure divine revient fréquemment dans le film qui oppose la croyance, la foi fataliste des Bédouins, à la volonté quasi nietzschéenne de Lawrence pour qui « rien n'est écrit ». L'homme conduit son destin. Mais cet homme épris de vitesse et d'élévation cherche davantage à se fuir qu'à se découvrir, effrayé par ses propres plaisirs. Et à la question « Qui êtes-vous » posée à de très nombreuses reprises, Lawrence arrête de répondre.

Iconoclaste, provocateur, espiègle, puéril, fantaisiste, lettré, poète… le scénariste nous montre dans la première partie du film combien Lawrence est différent de ses compatriotes. Il paraît donc naturel que le personnage tende progressivement vers une autre identité. Défenseur de la cause arabe, Lawrence se métamorphose en arabe à force de s'identifier à ceux qu'il libère. Ou est-ce parce qu'il leur ressemble qu'il trouve en lui la force de les libérer ? Acte symbolique : après avoir réussi à sauver Gasim du désert du Nefud, Lawrence est invité à revêtir le costume bédouin. Mais, une scène plus tard, comme un enfant portant un déguisement, il se met à « jouer » au bédouin : Lawrence ne sera jamais arabe.

Scénariste et réalisateur confèrent à leur héros la dimension d'un mythe, d'un sauveur. Magnifié dans l'action, adulé par ses compagnons d'armes, ivre de succès et enveloppé d'une aura messianique, il s'imagine prophète et se prend pour Moïse. Comme lui, il rêve de conduire les Arabes vers quelque terre promise. Sa morgue puis sa suffisance évoluent en mégalomanie avant de toucher à la folie (non sans rappeler celle du colonel Nicholson dans *Le Pont de la rivière Kwaï*). Après cette évolution ascensionnelle, Lawrence, en situation d'échec (absence de résultats sur le plan militaire, plongeon dans le sadisme, mort sous ses yeux de Daoud dans les sables mouvants), est fait prisonnier des Turcs à Daraa. Là, il est sans doute victime de sévices sexuels, ultime chute. À partir de ce moment, le héros perd ses convictions et ne désire profondément rien de plus que de redevenir anglais. Après s'être voulu arabe, en vain, Lawrence revient vers les siens. Et, de retour au Caire, le costume militaire qu'il endosse est trop petit.

Lawrence d'Arabie dresse le portrait d'un antihéros héroïque, complexe et torturé, parfois fort, parfois vulnérable, à la fois grand et pathétique. Déchiré entre deux identités, il sert la cause arabe dont il contribue à maintenir le mouvement indépendantiste sous le contrôle de la Grande-Bretagne. Si Lawrence fut pour son scénariste un fasciste avant l'heure, on peut aussi voir en lui un homme de paradoxes au paroxysme qui atteint à la grandeur quand il est le moins lui-même.

FICHE TECHNIQUE

Film d'aventures réalisé par David Lean, 3 h 21, Scope-couleurs.
Avec : Peter O'Toole (Lawrence), Alec Guinness (Fayçal), Omar Sharif (cheikh Ali), Anthony Quin (cheikh Auda), Anthony Quayle (colonel Herry Brighton), Claude Rains (Mr. Dryden), Arthur Kennedy (Jackson Bentley), Donald Wolfit (général Murray), I. S. Johar (Gasim), Gamil Ratib (Majid).
Scénario : Robert Bolt, d'après *Les Sept Piliers de la sagesse* de Thomas Edward Lawrence.
Photo : Frederick A. Young.
Décors : J. Box, Peter Dukelow.
Costumes : Phyllis Dalton.
Directeur artistique : John Stoll.
Son : Richard L. Anderson, Winston Ryder.
Effets spéciaux : Cliff Richardson, Wally Reevers.
Musique : Maurice Jarre.
Montage : Anne Coates.

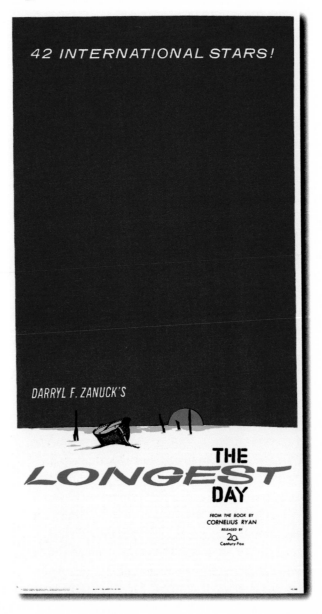

« *Une grande page de l'Histoire condensée en trois heures*
de projection que la jeunesse découvrira mieux
que dans tous les manuels. Un document humain que tout
le monde se doit de connaître. »

Libération, 12/10/1962.

KEN ANNAKIN, ANDREW MARTON, BERNHARD WICKI, DARRYL F. ZANUCK

Le Jour
le plus long
« *THE LONGEST DAY* »
1963, ÉTATS-UNIS

UNE RECONSTITUTION SANS PAREILLE

*Le Jour le plus long, fresque spectaculaire retraçant
le débarquement des Alliés en Normandie
le 6 juin 1944, est un film à la fois impressionnant et
émouvant. Réunissant des stars américaines, britanniques,
allemandes et françaises, le film retrace les horreurs
de la guerre en échappant à tout bellicisme.
Cette ambitieuse et coûteuse reconstitution, que l'on doit
surtout à son producteur Darryl F. Zanuck, est l'un des plus
grands triomphes de l'histoire du cinéma.*

« J'ai eu plus de travail qu'Eisenhower n'en avait eu pour le véritable "jour J" en ce qui concerne le matériel. J'ai été obligé de retrouver tout ce matériel, de le restaurer et enfin de le transporter en Normandie », déclara – en plaisantant à moitié – un jour Darryl F. Zanuck, producteur et grand ordonnateur du *Jour le plus long* à lord Mountbatten. Zanuck vient de reprendre la direction de la Fox quand il met en chantier *Le Jour le plus long*, et c'est sur ses épaules que va reposer la totalité de la fabrication de cette très importante fresque de guerre. Il commence par acheter les droits d'adaptation du livre de Cornelius Ryan (qui fut témoin du jour J) au producteur français Raoul Lévy. Il en commande l'adaptation à son auteur et confie parallèlement à James Jones, Romain Gary, Erich Maria Remarque et Noel Coward les scènes respectivement américaines, françaises, allemandes et anglaises, mais seuls Gary et Jones travailleront pour Zanuck qui embauche alors Pursall et Seddon en plus.

Grand initiateur de cette reconstitution sans pareille, Zanuck va devoir aussi faire preuve d'une combativité impressionnante. Tel un chef d'armée (Zanuck, après avoir été aban-

Il pleut des cordes en Normandie le 5 juin 1944. Les Allemands sont loin de croire qu'une « invasion » ennemie est possible, et pourtant le top départ du débarquement est annoncé pour le lendemain à la radio sous le code : « Les sanglots longs des violons de l'automne ». La préparation, l'organisation et la réalisation d'une des plus grandes prouesses militaires vécue par les soldats américains, anglais, allemands et par les Français.

DARRYL FRANCIS ZANUCK

1902 : naissance de Darryl Francis Zanuck, fruit de l'union d'un veilleur de nuit d'hôtel et de la fille de l'hôtelier chez qui il travaille.

1917 : ses parents l'abandonnent.

1919 : multiplie les petits boulots : sidérurgiste, contremaître, boxeur professionnel, en même temps qu'il écrit.

1922 : écrit pour Mack Sennett, vend un scénario au producteur Irving Thalberg et rédige jusqu'à dix-neuf scripts par an. Il ne cessera d'écrire par la suite et s'avérera un très bon créateur d'intrigues.

1925 : devient l'un des chefs de la Warner, participe à la création de son style en travaillant sur des films comme *Le Chanteur de jazz* (1927). Il y produira près de deux cents films.

1931 : *L'Ennemi public* de William A. Welleman.

1934 : *Moulin-Rouge* de Sidney Lanfield.

1940 : *Le Retour de Frank James* de Fritz Lang.

1941 : *Qu'elle était verte ma vallée* de John Ford.

1942 : *La Pagode en flammes* de Henry Hathaway.

1946 : *La Poursuite infernale* de John Ford.

1947 : *Le Mur invisible* d'Elia Kazan.

1950 : *Eve* de Joseph Mankiewicz.

1952 : *Viva Zapata* d'Elia Kazan.

1956 : *Le Roi et moi* de Walter Lang.

1958 : *Les Racines du ciel* de John Huston.

1971 : meurt à Palm Springs, Californie.

donné par ses parents à l'âge de treize ans, s'engage dans l'armée à quinze ans. Il combattra en Belgique pendant la Première Guerre mondiale), il se bat pour réunir les fonds nécessaires à l'exécution de son projet. Si les Allemands sont coopératifs, les Anglais sont plus tatillons et exigent que le scénario leur rende davantage hommage. L'État américain, via le Pentagone, participe en « fournissant » deux cent cinquante soldats. Le budget du film est colossal, il s'élève à 10 millions de dollars.

Pas moins de quatre réalisateurs sont chargés de mettre en scène les différentes parties de cette grande mosaïque : l'Autrichien Bernhard Wicki, dont la carrière d'acteur sera plus importante que celle de réalisateur, est préposé à toute la partie « allemande » du film ; le Berlinois Gerd Oswald est chargé de la séquence « Sainte-Mer-Église », dont celle où les parachutistes se font tous supprimer en arrivant en plein cœur du village, ainsi que de toutes les scènes « françaises » (parfois un peu ridicules à notre goût) ; l'Anglais Ken Annakin réalise les scènes « anglaises » ; l'Américain Elmo Williams, le monteur de *Vingt Mille Lieues sous les mers*, s'occupe de certaines de scènes de combat. Malgré cette répartition stratégique, Zanuck prend lui aussi la caméra pour réaliser un grand nombre de moments du film, dont ceux où apparaissent Richard Burton et John Wayne. Il ne sera pas crédité au générique.

L'extraordinaire affiche du *Jour le plus long* (Wayne, Mitchum, Fonda, Wagner, Anka, Ferrer, Crawford, Bourvil, Arletty, Jean-Louis Barrault, van Eyck, Wilson...), qui regroupe plus d'une cinquantaine de rôles notables, fait de chaque personnage quelqu'un d'important. Comme l'a noté Patrick Brion, le scénario de Ryan a su intégrer les combattants inconnus. Le fait qu'ils soient, tout comme les officiers, incarnés par des stars, leur rend d'autant plus hommage : « Cette manière de privilégier l'homme de troupe anonyme au même titre que celui qui le commande est l'une des qualités majeures du film, de même que la manière très juste avec laquelle sont représentés les Allemands. » C'est notamment ce *all stars cast* qui a fait le grand succès du film.

Dans ce film hors norme, il faut parfois jusqu'à cinq équipes de réalisation pour un tournage monumental qui se tient à la fois en Corse, pour une partie des plages de Omaha Beach ainsi que pour la maison de Pauline Carton, au studio de Boulogne-Billancourt pendant trois mois, à Chypre pour le parachutage anglais, sur l'île de Ré, à Port-en-Bessin pour Ouistreham, en Normandie, à Sainte-Mère-Église, à la pointe du Hoc, sur le pont de l'Orne, à Sord Beach et à Utah Beach. C'est en tout quarante-sept décors que Zanuck doit parfois visiter par hélicoptère pour passer de l'un à l'autre dans les plus brefs délais ; 390 000 litres d'essence, 15 tonnes d'explosifs, plus de 70 personnages (sans les figurants), une participation active de l'armée (de la VIᵉ flotte entre autres)... pour au final 6 heures de film qui seront réduites à 3. Zanuck prend tous les risques, même celui de mettre en péril la célèbre *Century Fox* dont il a la charge. C'est avec le courage d'un combattant qu'il va jusqu'au bout de son projet fou, salué par une victoire : le montant des recettes du *Jour le plus long* s'éleva à 17 500 000 dollars rien qu'aux États-Unis, un des plus grands succès du siècle.

Il faudra attendre Spielberg et son *Soldat Ryan* en 1998 pour revivre au cinéma avec autant d'intensité ce moment fort de l'histoire que fut le débarquement de Normandie.

FICHE TECHNIQUE

Film de guerre réalisé par Ken Annakin, Andrew Marton, Bernhard Wicki, Darryl F. Zanuck, 3 heures, noir et blanc.
Avec : John Wayne (lieutenant Vandervoort), Robert Mitchum (général Cota), Henri Fonda (général Théodore Roosevelt), Robert Ryan (général Gavin), Rod Steiger (le commandant du destroyer), Robert Wagner (un ranger), Mel Ferrer (général Haines), Richard Burton (pilote RAF), Sean Connery (soldat Flanagan), Stuart Whitman (lieutenant Sheen), Gert Froebe (sergent Kaffeklatsch), Henry Grace (général Eisenhower), Paul Hartmann (général von Rundstedt), Curd Jurgens (général Blumontritt), Werner Hinz (maréchal Rommel), Alexander Knox (général Smith), Peter Lawford (lord Lovat), Edmond O'Brien (général Barton), Christian Marquand (commandant Kieffer), Peter van Eyck (colonel Ocker), Bourvil (maire de Colleville), Jean-Louis Barrault (père Roulland), Arletty (Mme Barrault), Madeleine Renaud (la mère supérieure)...
Scénario : Romain Gary, Jack Jones, David Pursall, Jack Seddon, Cornelius Ryan d'après son livre.
Photo : Jean Bourgoin, Henri Persin, Walter Wottitz.
Musique : Paul Anka, Maurice Jarre.
Montage : Samuel E. Beatley.
Production : Darryl F. Zanuck, Elmo Williams (20th Century Fox).

« Le Guépard *fait mériter au cinéma son noble titre de septième art.* »

L'Humanité, 22/05/1963.

Le Guépard

« *IL GATTOPARDO* »

1963, ITALIE

UNE PALME D'OR DU CINÉMA ITALIEN

*Somptueuse adaptation du succès littéraire et posthume
de Lampedusa,* Le Guépard, *1963, est sans doute
le film le plus grandiose du maître Visconti. Palme d'or
au Festival de Cannes, sa magnificence marque
un des points culminants du cinéma italien.*

« Il faut que tout change pour que tout se conserve », dit le prince, comme si venait à sortir de lui les obsessions de son metteur en scène qui semble peindre avec une presque dévorante nostalgie les beautés du temps passé tout en reconstituant avec exactitude les événements historiques qui les font trembler. La société en mutation que Visconti dépeint dans *Le Guépard* est indissociable des portraits des individus également complexes et changeants qui la traversent, et vice versa.

En cela, ses modèles sont davantage certaines œuvres de la littérature du XIXᵉ siècle que des films. Il y a en effet du Stendhal, du Balzac et du Proust chez Visconti, qui déclara : « J'aime raconter des tragédies, les tragédies des grandes familles dont l'écroulement coïncide avec l'écroulement d'une époque. » Les auteurs auxquels il se réfère sont exemplaires parce qu'ils sont arrivés à inscrire les destinées de leurs personnages dans le monde réel qui est le monde de l'histoire et de la durée. Sur le même principe, *Le Guépard* est le plus « romanesque » des films de Visconti, empruntant au roman sa poésie sentimentale et ses aventures extraordinaires.

Entre 1861 et 1863, l'armée de Garibaldi débarque en Sicile. Le prince Salina est obligé de quitter son domaine sur lequel il règne en despote. Avec toute sa famille, il s'installe dans son palais urbain de Donnafugata. Réalisant que les valeurs qui faisaient son ordre et son pouvoir ne sont plus, il marie son neveu Tancrède à la fille du maire libéral de la ville, don Calogero.

LUCHINO VISCONTI
1906 : naissance dans une très
grande famille de Lombardie
de Luchino Visconti.
1942 : *Les Amants diaboliques.*
1950 : *La terre tremble.*
1951 : *Bellissima.*
1954 : *Senso.*
1957 : *Nuits blanches.*
1960 : *Rocco et ses frères.*
1967 : *L'Étranger.*
1969 : *Les Damnés.*
1971 : *Mort à Venise.*
1976 : *L'Innocent.*
Mort de Luchino Visconti.

Adaptation du livre de Giuseppe Tomasi di Lampedusa, *Le Guépard* passionne Visconti. Tout en affirmant sa volonté de rester fidèle à l'œuvre d'un auteur qu'il admire, il y voit, avant même que l'écriture du scénario ne soit entamée, le lieu d'expression à la fois de son point de vue personnel sur le fond du roman et sur les techniques narratives qu'il met en jeu : « Je ne connais pas encore exactement l'orientation que je donnerai à mon *Guépard*. Mais ce que je prévois de traiter à fond est la non-acceptation de l'immobilisme historique de Lampedusa, stagnant dans la contemplation d'une Sicile baroque, paresseuse [...]. Je veux que les personnages souffrent, se débattent, rendent vital chaque moment de leur vie. » Et c'est pourtant parce qu'il reste hiératique, statue froide comparée aux danseurs du bal final, que le prince s'effondre d'autant plus dramatiquement sous nos yeux, fidèle à ses convictions : « Les grandes émotions sont muettes. »

Film sur l'écoulement du temps et non sur sa mise en perspective, moment charnière où les délectables possibles ne sont plus. L'empathie du spectateur avec le prince est d'autant plus douloureuse qu'elle nous force à partager sa vision immobile de la vie, celle qui l'a toujours guidé jusqu'ici, alors en train de se fissurer sous nos yeux. Il est pris entre l'ébranlement des repères extérieurs et les bouleversements au sein de l'ordre familial dont il est le symbole. Tout se rompt en lui. Pour la première fois, le prince n'existe plus que par lui-même et non par le milieu dans lequel il vit. Le prince est mort, vive le prince. En même temps que le Guépard meurt, il renaît. Cette mue violente provoque d'oppressants vertiges que nous partageons douloureusement avec le personnage, une déflagration intérieure dont l'écho est réprimé et qui est l'inverse du recueillement de la scène de prière du début du film. Comme le prince, il nous faut alors respirer au plus vite la plus simple des manifestations de la vie, un vent d'air frais.

La mise en scène de Visconti déploie ses prestiges : avant de s'appuyer sur le montage, elle crée un espace cinématographique dans lequel Visconti orchestre les mouvements qui lui permettent, dans un même plan-séquence, par l'architecture du décor, la direction d'acteur, le dialogue, la profondeur de champ, de donner toute sa résonance à la matière dramatique.

À l'ébahissement que provoque la beauté sublime du film est aussi mêlé un fort agacement. Faire ressentir avec autant de faste et de complexité la tragédie du passage du temps nous est simplement insupportable. Mettre en scène le temps, c'est dramatiser la plus grande angoisse de l'humanité en même temps que la fixer. S'arrêter, regarder, développer cette angoisse révèle un certain plaisir à la fois masochiste et complaisant qui nous met mal à l'aise. Il n'est donc pas étonnant que dans cette reconstitution historique, une des plus coûteuses de l'histoire du cinéma mais aussi une des plus réussies, certains aient vu un goût pour la décadence puisque toutes les forces du film convergent vers la peinture d'une chute et d'une décadence. Visconti en convient lui-même : « Ce que j'ai voulu conter, c'est l'histoire d'un homme et la déchéance d'une société à travers la conscience qu'il en avait. »

FICHE TECHNIQUE

Drame historique réalisé par Luchino Visconti, 2h10, couleurs.
Avec : Burt Lancaster (prince Fabrizio di Salina), Alain Delon (Tancrède Falconeri), Claudia Cardinale (Angelica Sedara), Paolo Stoppa (don Calogero Sedara), Rina Morelli (princesse Maria Stella di Salina), Romolo Valli (père Pirrone), Serge Reggiani (don Ciccio Tumeo), Ivo Garrani (colonel Palavicino), Leslie French (Aimone Chevalley di Monterzuolo), Mario Girotti (comte Cavriaghi), Lucilla Morlacchi (Concetta di Sedara), Ida Galli (Carolina).
Scénario : Suso Cecchi D'Amico, Enrico Medioli, Pasquale Festa Campanile, Massimo Franciosa et Luchino Visconti d'après le roman de Giuseppe Tomasi di Lampedusa.
Dialogues français : René Barjavel.
Photo : Giuseppe Rotunno.
Décors : Mario Serandrei.
Son : Mario Messina.
Costumes : Piero Tosi.
Musique : Nino Rota ainsi qu'une valse inédite de Giuseppe Verdi.
Montage : Mario Serandrei.
Production : *Titanus* (Goffredo Lombardo)/S.N. Pathé Cinéma/ S .G. C.

« *Un film qui vous charmera, vous fera pleurer et rire,
et vous prouvera que l'art cinématographique
est sans limites.* »

L'*Humanité*, 22/02/1964.

JACQUES DEMY

Les Parapluies
de Cherbourg

1963, FRANCE

LE CONTRE-PIED DE LA COMÉDIE MUSICALE

*Année 1963, il pleut des larmes sur Cherbourg, et la ville
se métamorphose en un splendide univers enchanté où
les joies comme les peines sont chantées.
Avec* Les Parapluies de Cherbourg, *Jacques Demy prend
le contre-pied de la comédie musicale traditionnelle en
recréant l'imaginaire au cœur de la vie. Les mélodies
de Michel Legrand serrent nos cœurs et saisissent nos sens.
Le doux regard de Catherine Deneuve rencontre enfin
celui du grand public.*

À leur sortie en salle en février 1964, *Les Parapluies de
Cherbourg* sont présentés comme un film « en
chanté » comme on dit « en couleurs » ou « en CinémaScope ». Le film inaugure une nouveauté : tout,
du début à la fin, y est chanté, contrairement aux
comédies musicales traditionnelles qui alternent dialogues et
chansons. La musique ne joue donc pas ici le rôle d'adjuvant,
elle est le substrat de l'œuvre, à tel point que la partition, écrite
avant le tournage du film, précède la mise en scène dans l'ordre
de la création. L'image et la musique sont indissociables l'une
de l'autre. Bienvenue, donc, dans un monde « enchanté »…

En éliminant la parole de son film, Demy inscrit son histoire dans un monde irréel. Bien que les dialogues soient plus du
« parlé » porté par de la musique que des mélopées d'opéra, ce
n'est tout de même pas tout à fait comme dans la réalité. La
musique recouvrant presque la totalité de la longueur du film,
elle efface tous les bruits d'ambiance qui d'ordinaire recréent la
vie. Ici, la vie semble prendre autrement : par la musique. Les
seuls « bruits » conservés (les sirènes des navires, la clochette
du magasin, la pluie, l'horloge d'Élise, le boitillement de Guy,

Cherbourg, 1957, Geneviève et
Guy sont amoureux. La mère
de Geneviève, Mme Émery,
vendeuse de parapluies, ne voit
pas cette liaison d'un bon œil et
minimise son authenticité. Guy
doit partir au service militaire, en
pleine guerre d'Algérie.
Geneviève, enceinte, se languit
de Guy dont les lettres sont rares.
Sa mère lui fait épouser
un bijoutier du nom de Roland
Cassard. À son retour du régiment,
Guy épouse Madeleine et achète
une station-service. Un jour
d'hiver, Geneviève y prend
de l'essence. Les deux anciens
amoureux se revoient pour
la première fois depuis deux ans.

JACQUES DEMY

1931 : naissance à Pontchâteau, Loire-Atlantique, d'un père garagiste et d'une mère coiffeuse.
1949 : entre à l'École technique de photographie et de cinématographie de la rue Vaugirard à Paris.
1952 : fou de cinéma d'animation, il travaille avec Paul Grimault (*Le Roi et l'Oiseau*), puis devient assistant du documentariste Georges Rouquier.
1955 : premier court-métrage, *Le Sabotier du Val de Loire.*
1961 : *Lola.*
1963 : *La Baie des Anges.*
1967 : *Les Demoiselles de Rochefort.* Le film est un tel succès qu'il part pour l'Amérique.
1968 : *Model Shop*, produit par les Américains.
1971 : *Peau d'Âne.*
1972 : *Le Joueur de flûte*, produit en Angleterre et tourné en Allemagne et à Londres.
1979 : *Lady'O,* tourné en anglais et produit par les Japonais.
1982 : *Une chambre en ville.*
1988 : *Trois Places pour le 26.*
1990 : meurt à Paris.

le tambour de François et le Klaxon de Françoise) dressent des petites passerelles entre le pays « enchanté » et la réalité, en porte-à-faux avec toute vérité sonore. La musique, partie intégrante de l'œuvre, crée à sa manière le récit : les personnages sont associés à un thème (dix-neuf dans le film) ; un thème peut réunir plusieurs personnages, qui l'exécutent ensemble ou pas. Les thèmes s'entrelacent, se répètent, se relaient ou se font écho : le sens naît de ces mouvements. Un immense sentiment de tristesse nous envahit lorsque, dans la troisième partie du film, Guy est un instant hanté par l'air de son amour à Geneviève de la première partie : « Nous serons très heureux, et nous resterons amoureux. » Ce thème, qui n'existait pas sans eux ensemble, souligne ici le tragique de leur destinée puisque leur projet ne s'est pas réalisé et que la vie les a séparés.

Mais, contrairement à ce que l'on pourrait croire, la musique n'est pas la seule à construire ce monde « enchanté ». Comme la musique décalait les mots, les couleurs décalent les lieux. Nous sommes dans une ville de province, et les décors dans lesquels nous voyageons sont on ne peut plus ordinaires. Demy a tenu à ce que tous soient d'ailleurs « réels » (rien n'a été tourné en studio). Si aucun d'eux n'a été fabriqué, tous ont pourtant été redécorés. Demy part du réel et le transforme. Les couleurs, surprenantes, dignes du climat d'un conte de fées, nourrissent l'histoire. De même, les costumes communiquent sur les personnages et révèlent l'expression de leur être profond. Si

Demy arrive à déplacer son histoire dans une contrée à part, son contenu, lui, n'a rien d'invraisemblable, bien au contraire. L'histoire de Geneviève et de Guy, poignante, prend sa source dans un univers très banal, sans jamais en sortir. Les actions, les situations, les discussions, les questions sont très concrètes quand elles ne flirtent pas avec le cliché. Les problèmes d'argent, une grossesse, un « moteur qui cliquette encore un peu à froid » et c'est « normal », la maladie, la guerre d'Algérie… ancrent l'histoire dans le réel, et dans une période existante qui plus est. Demy nous transporte dans un univers sucré et ouaté où le drame, simple, palpable, n'en n'est pas moins intense et innervé par le réel.

Alors, pourquoi avoir créé cette distorsion ? Quelle est son utilité ? En désencastrant la réalité du réel, Demy nous la livre à la fois dans toute sa petitesse et son intensité. Les couleurs et la musique fabriquent un climat velouté alors que la réalité continue de s'insinuer et de faire des ravages, comme si le sucre révélait encore mieux le goût de l'amertume. D'un côté, Demy transforme donc la réalité en la colorant et en la décalant, de l'autre, il se laisse rattraper par elle. Tout le sens des *Parapluies de Cherbourg* réside dans ce décalage, prodiguant un message simple : la vie est faite de rêves, certes, mais ils ne se réalisent que si l'on veut les gagner sur le réel. Se laisser enfermer dans ses fantasmes peut mener à la tragédie de la désillusion.

Lola disait « Vouloir le bonheur, c'est déjà un peu le bonheur », *Les Parapluies de Cherbourg* précisent : il ne suffit pas de vouloir. Le film est à contre-courant d'une tradition qui cherche à rendre réel l'imaginaire, mais au contraire fait passer le réel sur le plan de l'imaginaire.

Couronnés par une palme d'or à Cannes, *Les Parapluies de Cherbourg* rappellent que la douceur et la simplicité peuvent appartenir au beau, surtout quand elles sont vues par des yeux noyés de larmes.

FICHE TECHNIQUE
Comédie musicale réalisée par Jacques Demy, 1 h 23, couleurs.
Avec : Catherine Deneuve/voix : Danièle Licari (Geneviève), Nino Castelnuovo/voix : José Bartel (Guy), Anne Vernon/voix : Christiane Legrand (Mme Emery), Marc Michel/voix : George Blaness (Roland Cassard), Ellen Farner/voix : Claudine Meunier (Madeleine), Mireille Perrey/voix : Claire Leclerc (tante Élise), Jean Champion (le garagiste).
Scénario : Jacques Demy.
Photo : Jean Rabier.
Décors : Bernard Evein.
Costumes : Jacqueline Moreau.
Musique : Michel Legrand.
Édition musicale : Michel Legrand, Francis Lemarque.
Montage : Anne-Marie Cotret.
Production : Mag Bodard.

« Voilà un cinéma fantastique "diurne" où tout s'enchante et se transfigure, comme le visage de Catherine Deneuve, dans un rayon de soleil. »

Jean-Paul Török.

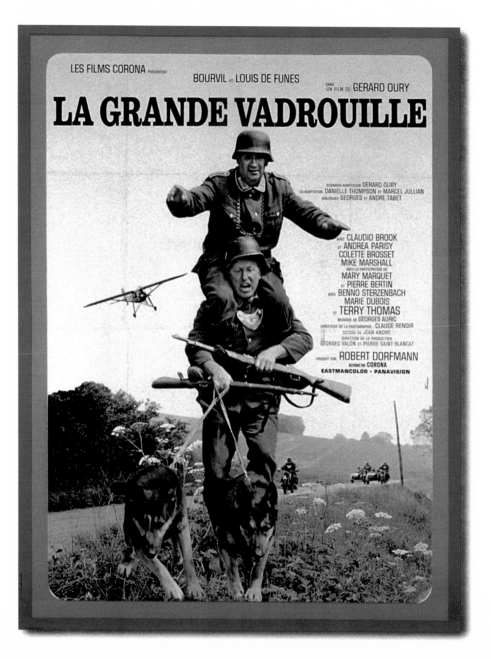

« La Grande Vadrouille *est un grand film comique français, et le premier de ce genre si difficile à manier. Deux heures cinquante minutes de rire garanti, qui peut nous en offrir autant ?* »

L'Humanité, 10/12/1966.

GÉRARD OURY

La Grande Vadrouille

1966, FRANCE

DANS LE GENRE "SPÉCIALEMENT FRANÇAIS"

Désopilante comédie de Gérard Oury sur l'Occupation,
La Grande Vadrouille, *interprétée par le tandem antino-mique-atomique Bourvil-de Funès, transforme
un dramatique chapitre de l'histoire française en fresque héroïco-comique et remporte le record d'entrées de toute l'histoire du cinéma français.*

« **A** *re you ? », « You are ? »* se demandent en miroir Augustin et Stanislas quand ils se rencontrent pour la première fois dans la vapeur des bains turcs, vêtus du même uniforme : serviette de bain autour de la taille et crâne dégarni, tous deux à la recherche de « Big Moustache », parlant le même mauvais anglais et prenant leur alter ego pour ce qu'il n'est pas. Comme deux faces d'une même pièce, comme deux faux frères, comme deux sons de cloches fêlées, tout oppose les deux hommes ! L'un est un grand artiste (Stanislas Lefort est chef d'orchestre à l'Opéra de Paris) quand l'autre n'est même pas un artiste (Augustin Bouvet est peintre, mais en bâtiment) ; l'un a un caractère de chien, quand l'autre est doux comme un agneau ; l'un a le phrasé nerveux de Donald Duck, quand l'autre parle comme on geint. « Nous ne sommes pas du même monde », ne manque pas de rappeler Lefort à Bouvet.

Et pourtant, embarqués dans la même galère, ils arrivent à s'associer sans vraiment se détester. Ils se sauvent la vie chacun leur tour puis deviennent des héros malgré eux. Après le tournage du *Corniaud,* Oury refuse de faire une suite et décide de

Un chef d'orchestre (Louis de Funès) et un peintre en bâtiment (Bourvil) se retrouvent contraints d'aider des parachutistes anglais dans la France occupée. Les deux héros sont malgré eux pris dans une course folle et burlesque où, tour à tour, pour sauver leur peau et celle de leurs amis, ils sont obligés de dormir dans le même lit, de se déguiser en soldats allemands, de se livrer à une course-poursuite dans la voiture d'une religieuse, de dépouiller des innocents de leurs habits… avant d'atteindre la zone libre en planeur.

racheter à un ancien producteur – Henri Deutchmeister – un scénario qu'il lui avait vendu en période de vaches maigres. L'histoire : des aviateurs de l'équipage d'un bombardier britannique abattu par la défense aérienne allemande tombent par hasard dans la vie de deux dames. L'une a épousé un marchand de bondieuseries place Saint-Sulpice et ne fréquente que des curés quand l'autre est devenue prostituée. Cette dernière prend en charge trois des aviateurs et « de Paris à Marseille, du *Chabanais* au *Panier fleuri* (célèbre maison close) les fait transiter de claques en lupanars et de bordels en boxons, […] Pas comme leurs copains "Sonnez les matines ding, deng, dong !" Tirés de leur sommeil à l'aube, repas frugaux, froides cellules », raconte Gérard Oury. De Funès et Bourvil font remarquer ironiquement que les deux héros de l'histoire sont en fait des héroïnes… « Les rôles principaux, deux filles ? Et alors ? je les transformerai en hommes ! affirme Oury. Sautant en parachute de leur bombardier en flammes, les aviateurs atterriront dans vos vies : toi, Louis, un grand chef d'orchestre puisque tu connais la musique et tu sais jouer du piano, toi André, un peintre en bâtiment en train de ravaler le mur surplombant la kommandantur. » Oury écrit alors le scénario avec sa fille Danièle Thompson, avec qui il collabore pour la première fois, et Marcel Jullian. Le film va coûter cher, mais devant l'appât de ce nouveau Bourvil-Oury-de Funès qui peut rapporter gros, certaines salles sont prêtes à cofinancer ce juteux projet. Par souci d'économies, le producteur propose à ses deux vedettes une part sur les bénéfices du film : « Mon contrat – un peu fou à l'époque –, mentionne de Funès, précisait qu'au-delà d'un milliard et demi de bénéfices, j'avais droit à une participation de 1,4 %. » Un contrat qui, en plus de la gloire, lui rapportera pas mal d'argent… Huit mois de préparation vont précéder le premier jour de tournage, le 16 mai 1966. Chaque image, chaque séquence, chaque gag du film a été minutieusement préparé, comme celui de l'échafaudage où Bourvil laisse tomber un pot de peinture sur un officier SS et qu'il faudra malgré tout refaire plus de douze fois. De même pour la célèbre scène où de Funès dirige une centaine de musiciens de l'orchestre de l'Opéra de Paris interprétant *La Damnation de Faust* d'Hector Berlioz. Il a fallu au comédien, déjà bon musicien, trois mois de répétition devant sa glace. Puis, le jour venu, silhouette à la Karajan, chevelure à la Stokowski, une mousseuse perruque blanche vissée sur la tête, il dirige la fameuse marche hongroise. « L'ouverture de *La Damnation* jouit d'une orchestration magnifique, exaltante, et je sens un de Funès transfiguré, tourné vers l'intérieur de lui-même, raconte Oury. Il ne suit pas l'orchestre, il le précède, le conduit vraiment, et, comme les artistes respectent les artistes, les musiciens marchent. » Et le « Coupé ! » est suivi d'un tonnerre d'applaudissements des musiciens envers ce Toscanini de comédie.

Alors que *Le Corniaud* ne réunissait de Funès et Bourvil que le temps de quelques scènes, *La Grande Vadrouille* les rassemble presque tout le long du film. Or, au début du tournage, Oury remarque avec stupeur que quand le jeu de l'un se détériore, le jeu de l'autre s'améliore : Bourvil perd de sa fraîcheur au fur et à mesure que de Funès précise ses effets. Mais, intelligents et complices, les deux hommes, qui tour à tour se tutoient ou se vouvoient, se mettent rapidement au diapason pour interpréter cette petite merveille de précision et de ton qu'est le film. « Bourvil et de Funès constituaient un duo inoubliable. L'eau éteignant le feu, ils auraient pu s'annihiler [...] ils se valorisent au contraire », se souvient le metteur en scène.

Au total dix-sept semaines de travail et un budget confortable de 14 millions de francs (trois fois celui du *Corniaud*), pour cette comédie exploitée (ultime gag) sous le label « art et essai » et ovationnée par la France entière : 106 000 tickets vendus la première semaine, 1 million un mois plus tard, ce sont en tout 17 millions de spectateurs qui ont vu le film au cinéma, et c'est compter sans son exploitation à la télévision où, tous les ans, *La Grande Vadrouille* enregistre les meilleurs taux d'audience.

FICHE TECHNIQUE
Comédie réalisée par Gérard Oury, 2 h 02, couleurs.
Avec : Bourvil (Augustin Bouvet), Louis de Funès (Stanislas Lefort), Marie Dubois (Ginette), Terry Thomas (sir Reginald), Claudio Brook (Peter Cunningham), Mike Marshall (Alan MacIntosh), Colette Brosset (Mme Germaine), Andréa Parisi (sœur Marie-Odile), Mary Marquet (la mère supérieure).
Scénario : Gérard Oury, Marcel Jullian, Danièle Thompson.
Photo : Claude Renoir.
Décors : Jean André.
Musique : Georges Auric.
Montage : Albert Jungerson.
Production : Corona/Lowndes.

« *Je crois qu'il y a place, dans le cinéma français, pour tous les genres possibles. Ma seule idée est qu'il faut aussi créer un genre comique spécialement français, qui se rapproche des fameuses comédies américaines que le monde entier apprécie [...] Avec* La Grande Vadrouille, *j'ai cherché aussi à recréer une certaine émotion qui débouche par des pirouettes sur du comique pur.* »

Gérard Oury.

« *[Le film] commence aux origines du monde pour finir,
après une fantastique randonnée à travers l'espace et le temps,
dans une renaissance qui montre que la vie est un éternel
présent et aussi que la puissance de Dieu est infinie.* »

France-Soir, 30/09/1968.

2001 : l'Odyssée de l'espace

« 2001 : A SPACE ODYSSEY »

1968, GRANDE-BRETAGNE/ÉTATS-UNIS

L'ANGOISSE DE L'INFINI

À la fois film expérimental et superproduction,
2001 : l'Odyssée de l'espace *est une révolution dans l'histoire du cinéma poussant le genre de la science-fiction à un niveau infranchissable. Chef-d'œuvre de Stanley Kubrick, dont la production cinématographique, monumentale, en comprend un grand nombre, le film révèle une mise en scène éblouissante pour une exploration de l'espace par l'homme qui se transforme en quête sur ses origines.*

En 1964, Stanley Kubrick demande au scénariste Arthur C. Clarke d'écrire un scénario de film de science-fiction sous la forme d'un roman qu'ils rédigeront à quatre mains. Le réalisateur prend comme point de départ *The Sentinel, Encounter in the dawn, Guardian Angel*, trois nouvelles écrites par son co-auteur. La création du scénario continue jusqu'au premier jour de tournage, le 29 décembre 1965. Le tournage lui aussi dure longtemps : sept mois aux studios Boreham en Angleterre et Kubrick ne vient à bout de la postproduction qu'au début de l'année 68, sachant que plus de 200 plans du film nécessitent des trucages. *2001* naît alors, de deux objectifs : réaliser un film de science-fiction des plus spectaculaires et offrir une réflexion philosophique sur le destin de l'Homme dans sa relation au Temps, au progrès et à l'univers, source d'interrogations existentielles qui comme l'a noté Jacques Lourcelles peuvent être angoissantes : « Basiquement *2001* est un film d'angoisse – une angoisse étale, comme glaciaire, dont la substance est pour ainsi dire consubstantielle à l'existence de l'homme dans l'univers. C'est l'angoisse – physique et métaphysique – de l'homme perdu dans

Quatre millions d'années avant J.-C., des singes découvrent un monolithe noir qui modifie leur comportement : grâce à un os, ils découvrent qu'ils peuvent tuer. En l'an 2001, le Dr Floyd part pour la Lune à la recherche d'un monolithe noir qui envoie des signes mystérieux. Dix-huit mois plus tard, le vaisseau *Discovery* est envoyé sur la planète Jupiter. Hal, l'ordinateur qui régit le fonctionnement du vaisseau provoque la mort des astronautes. Seul survivant, David Bowman traverse un nouvel espace-temps, assiste à son vieillissement et retrouve le monolithe noir.

STANLEY KUBRICK

1928 : naissance à New York, États-Unis, de Stanley Kubrick. Son père est physicien.

1945 : Initié très jeune à la photographie par son père qui lui a offert un appareil photo pour ses treize ans, il travaille comme photographe au journal *Look*.

1950 : premier court-métrage *Day of the fight*, acheté par la RKO.

1951 : *Flying padre*.

1953 : premier long-métrage où il occupe les postes de réalisateur, producteur et monteur, veillant même au tirage des copies.

1955 : *Le Baiser du tueur*.

1957 : *Les Sentiers de la gloire*.

1960 : *Spartacus*.

1962 : *Lolita*, il vit désormais en Angleterre.

1964 : *Dr. Folamour*.

1971 : *Orange mécanique*.

1975 : *Barry Lindon*.

1979 : *Shinning*.

1987 : *Full Metal Jacket*.

1999 : *Eyes Wide Shut*. Il meurt à Harpenden, Angleterre, laissant en friche le projet *Artificial Intelligence : AI* que réalisera Steven Spielberg.

des espaces infinis mais aussi guetté, à toutes époques, par la prochaine étape – inéluctable – du progrès scientifique, qui ne manquera pas d'être pour lui plus destructrice encore que constructive. Mais *2001* est aussi un film de spéculation : l'influence des extraterrestres (se manifestant par le monolithe), la mutation finale du héros, engendreront peut-être une forme de vie et de développement moins décevante, moins imparfaite que celle que nous connaissons. À cet égard, le film peut-être jugé optimiste ». Si optimisme il y a donc, il ne peut concerner l'homme que dans un avenir scientifique meilleur mais qu'il n'aura pas programmé lui-même, c'est à dire un avenir qui ne dépendrait que de forces extérieures, extraterrestres ?…

Alors que le monde que Kubrick dépeint est prêt à mourir, il nous embarque à bord d'un vaisseau fantôme. Symphonie visuelle, *2001 : l'Odyssée de l'espace* est orchestrée par des questions fondamentales et presque pascaliennes : « D'où viens-je ? », « Qui suis-je ? », « Où vais-je ? » pendant que sur le plan formel tout conduit à la contemplation et au vertige. *L'Odyssée 2001* nous fait donc voyager dans un monde extérieur qui n'est autre que soi-même. Point de vue nietzschéen sur l'histoire de l'humanité dès les premières mesures d'*Ainsi parlait Zarathoustra* on reconnaît la forme qu'emprunte le film : le passage du singe à l'homme jusqu'au surhomme avant l'apparition du fœtus final, sorte de planète à lui seul. La mort de l'homme est proposée comme un nouveau commencement. Si la représentation de l'apesanteur crée en nous une impression de délicieuse plénitude, le duel entre Keir Dullea et l'ordinateur Hal est source de panique, car comme l'a écrit Clarke, le scénariste, « parfois je pense que nous sommes seuls dans l'univers et parfois je pense que non : dans les deux cas, cette idée me fait chanceler ». Quelques touches d'humour (les banalités échangées entre les passagers de *Discovery,* le « joyeux anniversaire » des parents pour leur fils chéri, le père qui n'a rien à dire à sa petite fille et qui fait tout pour expédier la conversation… autant de notes sur le vide des relations humaines ; les gags alimentaires, les toilettes, etc.) viennent parfois dissiper le souffle angoissant du film avant qu'il ne s'engouffre définitivement dans un assourdissant silence guidé par un croissant mystère, stimulant toujours plus l'imagination du spectateur. Car la force de *2001* est de confronter notre civilisation à une autre en préservant le mystère de cette rencontre. C'est pour Jacques Lourcelles un

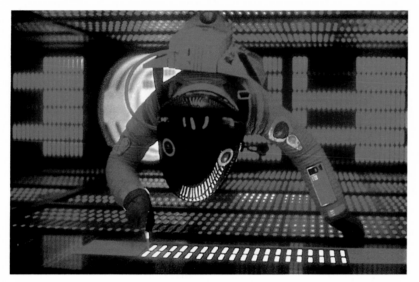

FICHE TECHNIQUE
Film de science-fiction réalisé
par Stanley Kubrick, 2 h 40,
couleurs.
Avec : Keir Dullea (David
Bowman), Gary Lockwood
(Frank Poole), William Sylvester
(Dr Heywood Floyd),
Daniel Richter (le guetteur
de lune), Leonard Rossiter
(Smyslov), Margret Tyzack
(Elena), Robert Beatty
(Halvorsen), Sean Sullivan
(Michaels), Douglas Rain (voix
originale de Hal).
Scénario : Stanley Kubrick
et Arthur C. Clarke d'après trois
de ses nouvelles.
Photo : Geoffrey Unsworth,
Technicolor Panavision 35 et
70 mm.
Effets spéciaux : Stanley
Kubrick, Wallig Veevers, Douglas
Trumball,
Con Pederson.
Décors et direction artistique:
Tony Masters, Harry Lange,
Ernie Archer.
Costumes : Hardy Amies.
Son : H.L. Bird.
Musique : Johann Strauss,
Richard Strauss, György Ligeti,
Aram Khatchatourian.
Montage : Roy Lovejoy
Production : Satnley Kubrick –
MG.

sommet dans l'œuvre de Kubrick : « de tous ses films, *2001* est le plus sobre, le plus complet et le plus abouti. En ce qui concerne l'histoire de la SF cinématographique, *2001* qui créa à sa sortie un choc dont l'écho n'est pas encore atteint aujourd'hui, se situe à l'orée d'une décennie où le genre allait devenir prédominant après avoir été minoritaire et marginal pendant cinquante ans à Hollywood ».

Un travail de quatre années pour un budget de 10,5 millions de dollars, *2001* rappelle à l'homme que la machine ne comblera jamais sa solitude originelle.

« … le western revu par Sergio Leone devient spéculation pure,
paradis du scénariste, quintessence de la démystification ».

Le Monde, 03/09/1969.

Il était une fois dans l'Ouest

« C'ERA UNA VOLTA IL WEST »
1969, ITALIE

CONSÉCRATION DU WESTERN ITALIEN

Méprisé par les amateurs du western traditionnel,
Il était une fois dans l'Ouest *(1969), connut un succès*
phénoménal, aussi bien en Europe qu'aux États-Unis.
Les « pastiches » de westerns américains, nommés
par les puristes « western-spaghetti », fleurissent en Italie
à cette période, et Sergio Leone devient vite
un grand maître du genre. Il était une fois dans l'Ouest
marque définitivement sa consécration.

Année 1969, le succès commercial d'*Il était une fois dans l'Ouest* est tellement marquant que les puristes sont bien obligés de réviser leur opinion, et la nuance de mépris qui sous-tendait l'appellation de western-spaghetti fait maintenant place à une grande admiration pour le western-opéra.

Au début des années 1960, les producteurs allemands essayent de faire concurrence au péplum et aux grandes fresques historiques en produisant des séries policières pseudo-britanniques ainsi que des aventures proches du western, souvent adaptées des romans de Karl May, très connu en Allemagne. Les Italiens, qui ne sont pas les derniers en matière d'imitation, voient là un bon filon à exploiter. Ils commencent, sans trop de conviction, à copier les westerns américains en coproduction avec l'Allemagne et l'Espagne. Pour berner le public ainsi que les acheteurs étrangers, ces films comportent des génériques qui alignent des noms à consonance anglo-saxonne. En un rien de temps, les tâcherons de la mise en scène et les comédiens débutants prennent des pseudonymes évoquant la glorieuse tradition du cinéma hollywoodien des grands espaces et des caravanes de

Quelque part dans le désert du Grand Ouest : une gare où trois hommes attendent un voyageur qu'ils veulent abattre. Manque de chance, leur cible s'avère plus rapide. On l'appelle Harmonica. Avec son compagnon, Cheyenne, ils partent à la recherche de Frank, un tueur à gages qui, il y a longtemps, tua le frère d'Harmonica sous ses yeux dans des conditions insupportables.

SERGIO LEONE
1929 : naissance à Rome de
Sergio Leone, fils de Vincenzo
Leone, l'un des pionniers
du cinéma italien, et de
Francesca Bertini, comédienne
vedette.
1946 : devient assistant
réalisateur.
1958 : commence à travailler sur
des scénarios : *Nel segno di
Roma ; Afrodite, dea dell'amore.*
1959 : reprend en cours la mise
en scène des *Derniers Jours
de Pompéi.*
1961 : *Le Colosse de Rhodes,*
premier long-métrage (en entier).
1962 : *Sodome et Gomorrhe.*
1964 : *Pour une poignée
de dollars.*
1965 : *Et pour quelques dollars
de plus.*
1966 : *Le Bon, la Brute
et le Truand.*
1984 : *Il était une fois
en Amérique.*
1989 : meurt à Rome.

l'Ouest. Ce fut bien sûr le cas de Sergio Leone, alias Bob Robertson, qui compose son pseudonyme à partir du nom de son père, metteur en scène de films à succès et qui signait Roberto Roberti. En 1961, *Le Colosse de Rhodes,* premier long-métrage de Leone, est une bonne affaire. Sentant immédiatement qu'un acteur américain pourrait apporter une couleur un peu plus authentique à son futur pastiche, il sort de l'oubli un comédien de séries télévisées en passe d'être orienté sur une voie de garage, Clint Eastwood. Sur un scénario assez schématique – le manchot et le colonel partent à la poursuite de l'Indio pour toucher la prime –, Leone compose *Pour une poignée de dollars.* Si cette parodie ne semble au départ guère se distinguer de celles du marché, le film est pourtant un triomphe.

En 1968, il n'aura fallu à Leone que trois films pour s'imposer mondialement. Le western italien a dépassé l'âge ingrat, les noms d'emprunt se font de plus en plus rares, et le spécialiste du genre peut se permettre d'engager des grandes vedettes américaines. *Il était une fois dans l'Ouest,* peinture peu amène d'un monde en mutation, est tourné entre l'Italie, l'Espagne et les États-Unis (à Monument Valley, site mythique des films de John Ford), les trois pays producteurs. L'héroïsme des pionniers y est rudement bousculé par l'affairisme industriel. Le chemin de fer a introduit la civilisation, et l'ouvrier exploité supplante le gentil cow-boy épris de liberté. Pour favoriser ce changement de regard sur le Far West, Leone fait appel à de jeunes scénaristes : Dario Argento, qui n'était alors que critique de cinéma, et Bernardo Bertolucci, à l'époque auteur de petits films intimistes. « Je voulais faire un ballet de morts prenant comme matériau tous les mythes ordinaires du western traditionnel : le vengeur, le bandit romantique, le riche propriétaire, le criminel homme d'affaires, la putain… À partir de ces cinq symboles, je comptais montrer la naissance d'une nation », raconte le metteur en scène. Pour incarner ces personnages caractéristiques, Leone choisit des acteurs inattendus dans ces emplois. Le cas le plus typique est celui du personnage de Frank, une crapule, un assassin ignoble, un vrai méchant doté d'ambitions politiques pour lequel il choisit un acteur qui n'a toujours incarné que la bonté, Henry Fonda. « La première séquence que je devais enregistrer avec lui, c'était celle du massacre de toute la famille. J'ai fait préparer un travelling qui le cadrerait de dos. Je ne voulais pas que le public le reconnaisse tout de suite. La caméra se déplaçait jusqu'à son épaule. Et ensuite, seulement, elle découvrait son visage, avec son regard bleu qui sut bouleverser plusieurs générations de spectateurs [...] Je voulais montrer Henry Fonda avec tout ce qu'il portait avec lui [...] Une chose émouvante était qu'il marchait dans la vie exactement comme au cinéma. Comme au ralenti... La grâce d'un danseur. J'avais beau essayer de l'enlaidir avec des chapeaux et des costumes, c'était impossible. Il avait toujours l'air d'un prince. » En plus du parti pris de contre-emploi, Leone choisit de raconter une histoire dans la lenteur la plus extrême où chaque élément du récit est étiré au maximum. Le film est en effet une suite d'attentes, à un tel point qu'il arrive que l'on ne sache plus ce que l'on attend, au contraire d'Harmonica, le personnage incarné par Bronson, qui sait attendre le temps nécessaire pour faire enfin la peau à l'assassin de son frère. Le rythme est d'ailleurs donné dès la première scène du générique, grandiose ! Dans une lenteur pesante, trois bandits immobiles attendent l'arrivée du train. L'un d'entre eux ne réagit que parce qu'il est importuné par une mouche. Parodie du *Train sifflera trois fois* (1952), cette scène annonce la couleur : l'Ouest que dépeint Fred Zinneman dans son film est mort ! La musique d'Ennio Morricone, si connue aujourd'hui, participe aussi de ce suspense déstabilisant. Le thème à l'harmonica est une sorte de lamentation qui vient de loin, viscérale. « Il n'y a pas de notes pour l'harmonica. L'instrumentiste ne peut pas suivre une partition. Alors, pour obtenir cette plainte de douleur qui est le thème de Bronson, je serrais la gorge du musicien. Je voulais lui faire obtenir la sonorité que je souhaitais. Il était aux limites de l'étouffement, avec des yeux exorbités, en larmes. J'ai failli l'étrangler pour de bon », se souvient Leone.

À force de copier, copier, copier... disait Picasso, on finit par inventer.

Fiche technique
Western réalisé par Sergio Leone, 2 h 50 (version longue), couleurs.
Avec : Henry Fonda (Frank), Charles Bronson (Harmonica), Jason Robarts (Cheyenne), Claudia Cardinale (Jill), Gabriele Ferzetti (Morton), Jack Elam (Knuckles).
Scénario : Sergio Leone, Sergio Donati, Dario Argento, Bernardo Bertolucci.
Photo : Tonino Delli Colli.
Décors : Carlo Leva.
Costumes : Carlo Simi.
Son : Fausto Ancillai, Luciano Ansellotti, Claudio Maielli.
Musique : Ennio Morricone.
Montage : Nino Baragli.
Production : Fulvio Morsella.

« *Un film d'amour. Non que l'amour en soit le sujet,
mais parce qu'il est imprégné de la passion, de la tendresse
que François Truffaut porte au cinéma.* »

La Croix, 16/05/1973.

FRANÇOIS TRUFFAUT

La Nuit américaine

1973, FRANCE

LE CINÉMA DU CINÉMA

Avec la même douceur que celle d'une vraie nuit américaine, fausse nuit dans laquelle il ne fait jamais complètement noir, le film de François Truffaut raconte précisément pour la première fois au cinéma la vie d'un tournage. L'amour fou qu'il porte à son métier y apparaît tout entier. Grâce à La Nuit américaine, *la France se voit couronnée d'un oscar en 1974.*

« Qu'est-ce que c'est que ce cinéma, qu'est-ce que c'est que ce métier où tout le monde couche avec tout le monde, où tout le monde se tutoie, où tout le monde ment ?... Mais qu'est-ce que c'est ?... Vous trouvez ça normal ? Mais votre cinéma, votre cinéma, moi je trouve ça irrespirable. Je méprise le cinéma... Oui, je le méprise... Je le méprise », dit en pleine crise de nerfs le personnage de la femme du régisseur, restée muette jusque-là.

Déclaration de foi dans le cinéma, le film est un nouveau film d'amour, amour de Truffaut pour ce qu'il aime le plus au monde, et qui le fait malheureusement passer souvent à côté de la vraie vie. Fiction conçue avec un souci documentaire, le film, réaliste et sincère, montre un monde factice où « on passe son temps à s'embrasser, car il faut montrer qu'on s'aime » comme le dit un personnage du film. « Je connaissais quelques-uns des films qui ont pris pour thème le show-business, note Truffaut, et mes préférences allaient au *Schpountz* de Marcel Pagnol, à *The Bad and the Beautiful* de Minnelli et à *Singin' in the Rain* de Stanley Donen. Tiraillé depuis toujours entre ma haine du

Studios de cinéma de La Victorine, Nice. Ferrand, réalisateur, tourne *Je vous présente Paméla,* son nouveau film. Dès le premier jour, les techniciens assaillent le réalisateur de questions alors que les acteurs débarquent avec leurs valises de problèmes personnels. Le tournage avance, mais paraît parfois dépasser Ferrand, troublé par les différents événements de la vie des acteurs et des techniciens.

documentaire [...] et mon goût pour le matériel de scénario vrai [...] je désirais réaliser, à propos du cinéma en train de se faire, le film de fiction qui, à ce jour, donnerait le maximum d'informations. Je ne dirai pas toute la vérité sur les tournages mais je ne dirai que des choses vraies. »

Pendant le montage des *Deux Anglaises et le continent* au studio de La Victorine, François Truffaut est fasciné par un vieux décor en plein air devant lequel il passe tous les jours. Il apprend qu'il s'agit des restes du tournage de *La Folle de Chaillot*, une production américaine. Quelques façades d'immeuble, une terrasse de café parisien, une bouche de métro nourrissent l'idée de faire ce film sur le cinéma dont il rêve depuis longtemps. Il l'écrit avec Jean-Louis Richard avec qui il n'a pas travaillé depuis *La mariée était en noir*. Dans une villa louée à Antibes, les deux hommes se mettent au travail et ont pour support un large rouleau de papier blanc sur lequel ils notent les moments importants de l'histoire : « Quand on avait une idée, notre problème était de l'intégrer à tel ou tel moment du film et nous l'inscrivions à la place déterminée sur ce grand rouleau, se souvient Richard. On avait ainsi une vue presque graphique du film, une ligne dont on pouvait s'échapper, mais qui nous permettait de garder un rythme. » Après avoir déterminé les rapports des personnages formant l'équipe et leur histoire, les auteurs créent l'histoire du film qui se tourne dans le film *Je vous présente Paméla :* un jeune homme présente sa fiancée à son père, qui en tombe amoureux et part avec elle. Ainsi peut se mêler la vie des acteurs durant le tournage à l'intrigue des personnages qu'ils incarnent, montrant les liens qui unissent tous ceux qui font partie d'une équipe de cinéma.

Le scénario terminé, le producteur de Truffaut, Marcel Berbert, prévoit que le budget nécessaire au film est de 3,5 millions de francs. Les Artistes Associés refusent de financer le film dont le scénario leur paraît trop intellectuel, donc trop risqué. Pour eux, il ne s'adresse qu'à un public averti, et le caractère « boutique » du film n'intéresse pas le grand public. Mais Robert Solo, représentant de la Warner à Londres, qui adore Truffaut, est très enthousiaste, et un contrat est signé en mai 1972, alors que le casting est déjà précis. Jean-Pierre Aumont jouera le rôle d'Alexandre et Valentina Cortese celui de Séverine. Le rôle du producteur, un double de Marcel Berbert, est confié à Jean Champion. Truffaut joue son propre rôle. Il interprète Ferrand, auquel il confère son caractère enfantin et son amour du métier. Atteint de surdité, Ferrand ne peut entendre les autres qu'à l'aide d'un micro. Sourd au monde extérieur ? Patron mais amoindri ? Cette déficience enveloppe le personnage d'un halo mystérieux. Jean-Pierre Léaud joue Alphonse, romantique et instable, qui disparaît d'un coup, provoquant l'arrêt du tournage. Fidèle au personnage que le comédien interprète dans les précédents films de Truffaut, Alphonse n'est pas très différent d'Antoine Doinel, et sa relation au metteur en scène est quasi filiale. « Les films sont plus harmonieux que la vie. Il n'y a pas d'embouteillages dans les films, pas de temps mort. Les films avancent comme des trains, tu comprends, comme des trains dans la nuit. Des gens comme toi, comme moi, tu le sais bien, on est faits pour être heureux dans le travail, dans notre travail de cinéma. Je compte sur toi… », dit Ferrand à Alphonse en lui remontant les bretelles. Franco-écossaise et installée à Hollywood depuis 1968, Jacqueline Bisset est l'actrice idéale pour interpréter Julie Baker. Pour donner une touche savoureuse à sa distribution, Truffaut engage Bernard Menez dans le rôle de l'accessoiriste. Commencé le 26 septembre 1972, le tournage ne dure que quarante-deux jours. Sorti le 24 mai, le film est accueilli avec beaucoup de chaleur et d'émotion. On dit même qu'il s'agit là du meilleur film de Truffaut. Le public – surtout parisien – est aussi au rendez-vous, au nombre de 300 000 spectateurs dans la capitale. Sélectionné en compétition officielle au Festival de Cannes, Truffaut refuse que son film y participe. Il sera alors projeté « hors compétition » et recevra l'oscar du meilleur film étranger en 1974.

« François Truffaut était parmi les rares personnes
à qui l'on pense secrètement en travaillant, pour qu'ils aiment
votre travail. »

Milos Forman.

FICHE TECHNIQUE
Comédie dramatique réalisée par François Truffaut, 1 h 55, couleurs.
Avec : Jacqueline Bisset (Julie Baker/Pamela), Valentina Cortese (Séverine), Alexandra Stewart (Stacey), Jean-Pierre Aumont (Alexandre), Jean-Pierre Léaud (Alphonse), François Truffaut (Ferrand, le metteur en scène), Jean Champion (Bertrand, le producteur), Nathalie Baye (Joëlle, la script), Dani (Liliane, la script stagiaire), Bernard Menez (Bernard, l'accessoiriste), Nike Arrighi (Odile, la maquilleuse), Gaston Joly (Gaston Lajoie, le régisseur).
Scénario : François Truffaut, Jean-Louis Richard, Suzanne Schiffman.
Photo : Pierre-William Glenn.
Décors : Damien Lanfranchi.
Son : René Levert.
Musique : Georges Delerue.
Montage : Yann Dedet.
Production : Les Films du Carrosse.

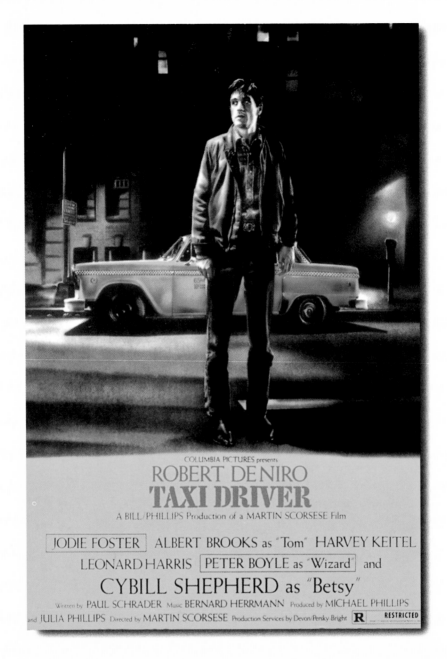

« … un film dur et violent, à l'image de la réalité
psychologique et sociale qu'il décrit. »

Le Monde, 09/06/1976.

Taxi Driver

1975, ÉTATS-UNIS

L'ENFER SELON SCORSESE

En 1975, la sortie de Taxi Driver *révèle au grand public le cinéma « écorché vif » de Martin Scorsese, qui devient la star du Festival de Cannes avec ce troisième long-métrage. Un scénario de Paul Schrader froid et austère, une interprétation aiguisée de Robert De Niro, une mise en scène inspirée,* Taxi Driver *est un voyage dans les contrées noires du comateux et de l'onirique où la violence est prête à exploser à tout instant.*

Dans le film de Sydney Lumet *Yakuza,* dont le scénario, comme celui de *Taxi Driver*, est écrit par Paul Schrader, un personnage dit : « Lorsqu'un Japonais craque, il ferme la fenêtre et se tue ; quand un Américain craque, il ouvre la fenêtre et tue quelqu'un. » Ces quelques mots illustrent fort à propos l'ensemble du contenu du film de Martin Scorsese : « Voilà essentiellement comment le héros existentiel change, lorsqu'il devient américain. Il n'y a pas assez de tradition intellectuelle dans ce pays, et pas assez d'histoire, et Travis n'est pas assez intelligent pour comprendre son problème. Il devrait se tuer à la place de tous ces gens. À la fin, lorsqu'il s'amuse à se tuer, cela représente tout ce qu'il a essayé de faire jusque-là », raconte le scénariste.

De retour de la guerre du Viêt-nam, insomniaque, Travis décide de devenir taxi de nuit pour ne plus être le témoin des immondices de la ville. De par son métier, de par son identité, Travis appartient au quotidien dans ce qu'il a de plus quelconque. Échouant auprès de Betsy qui, vêtue de blanc, représente LA femme, toujours entouré mais sans amis, Travis est seul. Englouti par la ville, noyé dans la nuit, il n'existe pas.

Ancien combattant de la guerre du Viêt-nam, Travis se fait embaucher comme taxi de nuit à New York et ainsi, devient le témoin de la vie des couches misérables de la ville. Il tente de séduire Betsy, mais échoue. Avec violence, il délivre de son souteneur Iris, une prostituée mineure, et devient le héros d'un fait divers.

FICHE TECHNIQUE
Drame réalisé par Martin
Scorsese, 1 h 53, couleurs.
Avec : Robert De Niro (Travis),
Cybill Shepherd (Betsy),
Jodie Foster (Iris), Albert Brooks
(Tom), Peter Boyle (Wizard),
Hervey Keitel (Sport).
Scénario : Paul Schrader.
Photo : Michael Chapman.
Décors : Charles Rosen.
Costumes : Ruth Morley.
Son : Dick Alexander, Gordon
Davidson, Les Lazarowitz.
Musique : Bernard Herrmann.
Montage : Tom Ralf, Melvin
Shapiro, Marcia Lucas.
Production : Michael et Julia
Phillips (Colombia/Italo-Judeo).

Le taxi symbolise le syndrome absolu de la solitude urbaine, vécu par des milliers de New-yorkais et d'Américains. Pour Schrader, « l'homme qui conduit n'importe qui n'importe où pour de l'argent, l'homme qui se déplace à travers la ville est comme un rat dans un égout » et sa voiture, « un cercueil de métal ». La ville, qui engendre des morts-vivants, ne peut être qu'un enfer.

Le taxi surgissant, au ralenti, des fumées émanant des bouches d'égout, le dépôt crasseux, le sperme ou le sang que le conducteur doit nettoyer certains soirs sur le siège arrière de son véhicule, son appartement miteux, la prostitution, les films porno, les gosses qui jettent des détritus sur son pare-brise, les souteneurs, les amants noirs, les cambrioleurs, les homosexuels de Californie et « leurs pensions alimentaires en cas de séparation »…, tout pousse Travis à voir cette ville comme « un égout à ciel ouvert ». Betsy, qu'il essaie de conquérir mais qu'il fera définitivement fuir quand il l'emmène voir un film pornographique, est à ses yeux un ange sorti de cet enfer. Lorsqu'elle exprime clairement son refus de continuer à le fréquenter, il lui dit : « Tu es un enfer, tu vis en enfer, tu mourras en enfer ! » Cette comparaison relève pour lui de l'obsession, entretenue par le fait qu'il n'arrive à rien et que sa vie est totalement décalée. Pour tous ceux qui vivent dans le sentiment d'échec, l'identification avec Travis est immédiate. Et, d'une certaine manière, *Taxi Driver* s'adresse au criminel qui sommeille en tout Américain. Dans sa chute, Travis aspire à la grâce qu'il n'arrivera pas atteindre : « Travis Bickle, cet esprit immature qui essaie de trouver son identité, est – explique Schrader – un être assoiffé de pureté, se mouvant dans un univers à ses yeux totalement corrompu. La grâce universelle […] étant encore hors de sa portée, il ne reste à Travis que le goût du péché et l'aspiration à la rédemption. » Ne pouvant supporter le premier, il agit pour la seconde. Si l'homme vil ne peut fréquenter la femme pure (Betsy), il peut atteindre au paroxysme de la décadence et se vautrer dans la fange urbaine pour en sauver plus souillée que lui : Iris. New York s'en retrouve purifié de quatre êtres corrompus. Il ne reste alors plus à Travis qu'à se suicider (mais il n'y a plus de balles dans son revolver) pour renaître. Calmé, reconnu comme un héros, convoité par Betsy, Travis n'a plus d'obsession, il existe et on le désire. La tuerie dont il est l'auteur lui a permis de remonter à la surface.

Il est intéressant de noter que le personnage de Travis, inspiré d'Arthur Brenner qui tenta d'assassiner le gouverneur George Wallace à la même époque, inspira lui-même John Hinkley qui tira sur le président Reagan pour attirer l'attention de Jodie Foster dont il était fou amoureux. La ville crée ses laissés-pour-compte, ces êtres en détresse à la recherche de reconnaissance et qui atteignent à la publicité par le crime.

Les cinéastes, eux aussi, recherchent reconnaissance et publicité. Quand on sait que Schrader a été élevé dans l'austérité du calvinisme et que ses pulsions suicidaires l'obligeaient à se tenir loin de toute arme à feu, le parallèle avec Travis est parlant. « Les pulsions d'autodestruction que j'arrivais d'ordinaire tant bien que mal à tenir à distance se sont alors abattues sur moi, plus fortes que jamais. J'avais une vieille Chevrolet. Je passais mes nuits à rouler dans les rues de la ville, je m'arrêtais seulement pour boire du whisky ou aller dans des peep shows. Je suis tombé malade […] et c'est là que me vint à l'esprit l'histoire d'un chauffeur qui roulerait et roulerait pour évacuer sa colère. » On peut même aller plus loin en disant qu'après une réelle descente aux enfers dans sa vie, Schrader accéda lui aussi à la rédemption par l'écriture de *Taxi Driver*, son premier scénario original, se libérant de sa peau souillée en la léguant à Travis.

Tout le monde fut surpris du succès de *Taxi Driver*, Schrader comme Scorsese. Eux qui avaient développé dans le film le thème de la célébrité furent à leur tour reconnus. Le film rapporta 58 000 dollars la première semaine et 12,5 millions de dollars aux États-Unis les mois suivants. Les critiques furent très bonnes, et ce fut la consécration à Cannes ou le film reçut la palme d'or.

« Les films de Scorsese sont une quête de la rédemption dans un monde déchu où le mal est une réalité. »

Michael Henry.

MARTIN SCORSESE
1942 : naissance de Martin Scorsese à Flushing, Long Island, New York. Il est le fils cadet de Charles et Catherine Sorsese, immigrés siciliens.
1952 : veut devenir prêtre.
1957 : entre au Cathedral College, petit séminaire de l'Upper West Side, dont il se fait renvoyer un an plus tard.
1960 : études de cinéma et d'anglais à la New York University jusqu'en 1965.
1963 : *What's a Nice Girl Like You Doing In a Place Like This*, premier court-métrage.
1967 : *The Big Shave*, court-métrage.
1974 : *Italianamerican*, court-métrage.
1969 : *Who's That Knocking At My Door*, premier long-métrage.
1973 : *Mean Streets*.
1977 : *New York, New York*.
1979 : *Raging Bull*.
1983 : *La Valse des pantins*.
1986 : *After Hours, La Couleur de l'argent*.
1988 : *La Dernière Tentation du Christ*.
1990 : *Les Affranchis*.
1991 : *Les Nerfs à vif*.
1993 : *Le Temps de l'Innocence*.
1995 : *Casino*.
1997 : *Kundun*.
1999 : *À tombeaux ouverts*.
2002 : *Gangs of New York*.

« ... Annie Hall *est un monument d'humour juif new-yorkais dont malheureusement beaucoup nous échappe.* »

Libération, 10/09/1977.

WOODY ALLEN

ANNIE HALL
1977, ÉTATS-UNIS

DIT AVEC HUMOUR ET VÉRITÉ

*Personnage unique du cinéma mondial,
Woody Allen acquiert sa légitimité de réalisateur et
son statut de comique international avec* Annie Hall, *film
le plus caractéristique de son style. Récompensé par
l'oscar du meilleur film et du meilleur scénario 1977,
Woody Allen est aussi, la même année, classé
sixième comédien le plus populaire des États-Unis.
Le film est un vrai succès financier.*

Au commencement était le Verbe, et heureusement, car sans cela nous n'aurions pas eu Woody Allen. Parmi les comiques américains les plus populaires, Allen est sans doute le plus volubile, et le langage est la pierre angulaire de toute son œuvre.

À la différence de la construction dramatique d'un film traditionnel, le récit d'*Annie Hall*, comme tous les films de Woody Allen, se construit dans la confusion et le désordre, et l'histoire, pourtant diserte, se raconte dans ce qu'elle ne dit pas. Alvy feint de tout dire tout le temps, mais dans ces mots : « Annie et moi venons de nous séparer […] Je ne suis pas du type morose. Je ne suis pas un personnage dépressif », il faut évidemment entendre le contraire.

Sans cesse l'oreille du spectateur est sollicitée jusqu'à ce qu'elle perçoive ce qui est passé sous silence et qui parfois résonne extrêmement fort : « J'ai quarante ans, dit Alvy. Je ne suis pas inquiet à propos de mon âge. Je commence à perdre mes cheveux sur le haut. C'est le pire que l'on puisse dire. Je serai mieux plus âgé. Je serai le type chauve viril par opposition aux tempes grises. »

Alvy Singer, la quarantaine, marié et divorcé deux fois, saturé de problèmes existentiels, obsédé par des questions de politiques, fan du *Chagrin et la Pitié*, des problèmes de calvitie, en psychothérapie depuis quinze ans… confesse en début de film, à propos de cercles où il pourrait partager ses passions avec d'autres : « Cela ne m'intéresse pas d'appartenir à un corps qui m'accepte comme membre. » Il se souvient de sa relation avec Annie Hall (Diane Keaton) et essaye de comprendre ce qui n'a pas marché entre eux.

WOODY ALLEN

1935 : naissance d'Alan Stewart
Konigsberg d'un père chauffeur
de taxi, graveur-joaillier, serveur
chantant… et d'une mère
caissière chez un fleuriste.
Grandit à Flatbush, quartier juif
de Brooklyn.

1952 : première blague publiée,
dans le *New York Daily Mirror*.
Il écrit des sketchs à la pelle,
qu'il vend pour quelques dollars.
Prend alors le nom de « Woody »
(« tête de bois »), qui lui vient
sûrement de l'école et que l'on
attribue aussi à son admiration
pour le jazzman Woody Herman
(clarinettiste et saxophoniste
comme lui).

1953 : entre à New York
University.

1955 : engagé par la chaîne NBC
comme auteur de sketchs et
de blagues.

1959 : entame une psychanalyse
freudienne qu'il poursuivra
jusque dans les années 1990.

1960 : débuts sur scène.

1965 : *Quoi de neuf Pussy Cat ?*,
écrit le scénario et incarne Victor
Shakapopolis.

1969 : *Prends l'oseille et tire-toi*,
premier film comme réalisateur,
auteur et interprète principal.
Fera ensuite au moins un film
par an.

1979 : *Manhattan*.

1983 : *Zelig*.

1985 : *La Rose pourpre du Caire*.

1986 : *Hannah et ses sœurs*.

1987 : *Radio Days*.

1990 : *Alice*.

1994 : *Coup de feu sur
Broadway*.

1996 : *Tout le monde dit I love
you*.

2002 : *Hollywood Ending*.

Pour écrire le scénario, la démarche est la même, et Marshall Brickman, le coscénariste d'Allen sur *Annie Hall*, a souvent comparé leur méthode de travail à celle de Rodin : pour sculpter un éléphant, il faut prendre un gros bloc de pierre et garder tout ce qui n'est pas l'éléphant. Les scènes du quotidien défilent sous nos yeux, élaborant un dérisoire irrésistible qui finit par servir de révélateur à une amère réflexion sur la vie amoureuse d'aujourd'hui, tout en bâtissant une brillante comédie. À l'inverse des fins heureuses des comédies romantiques, le film se termine, avec gaieté, par un sévère constat d'inaptitude du personnage principal à aimer normalement : « Je pense que la vie se divise entre l'horrible et le désespéré », avoue Alvy à Annie. En cela, Woody Allen sort des rails de ses collègues comiques pour exprimer, avec une liberté rare de langage et un plaisir jubilatoire de la transgression, les interrogations qui hantent l'intimité. *Annie Hall* est le premier film à s'inspirer aussi directement de la vie personnelle de Woody Allen en puisant dans sa relation avec l'actrice Diane Keaton (dont le vrai nom de famille est Hall). Et, en se racontant, il arrive à parler de tout le monde avec vérité.

Les logorrhées du personnage, peuplées de réflexions vertigineuses, d'interrogations existentielles, de bons mots et de citations, placent pour la première fois un comique au rang d'intellectuel. Au lieu de décourager une majeure partie du public, Allen semble stimuler tout un chacun et accueille par là même tous les types de spectateurs en les considérant comme intelligents. Il sait aussi parfaitement faire rire de la culture comme accessoire de reconnaissance sociale : quand, dans une queue de cinéma, Alvy se dispute avec un pédant qui l'agace parce que ce dernier cite Marshall McLuhan à tout va, Alvy va chercher le vrai Marshall McLuhan caché derrière une affiche pour contredire le pompeux. Même si l'on ne sait pas qui est Marshall McLuhan, on est du côté de Woody qui ridiculise la pratique de la citation comme pose.

Suivi au départ par un public plutôt étudiant, Woody Allen, avec Annie Hall, séduit le grand public, alors qu'il s'agit de son film le plus intellectuel : de quoi laisser perplexe tous les distributeurs américains quant aux fameuses recettes qui assurent un succès. Placé très haut au box-office américain, Annie Hall a fait plus de 25 millions de bénéfices dans la seule période de l'été 1977.

Tout le contraire d'un héros en retrait du monde, mais un personnage cohérent auquel on s'identifie parce qu'il exprime avec exacerbation et finalement dans une langue universelle certaines de nos angoisses, Woody Allen crée le comique adulte qui trouve aussi un écho en Europe, fondant, comme le remarque Jean-Michel Frodon : « Une principauté indépendante au sein du cinéma mondial dont il est simultanément le fondateur, l'animateur, la seule ressource, le principal bénéficiaire et le patron. »

« Pourquoi, pourquoi, pourquoi ?
Qui sommes-nous ? Où allons-nous ? D'où venons-nous ?
Quand est-ce qu'on mange ?
Seul Woody Allen […] a su répondre à ces angoissantes
questions de la condition humaine ; et sa réponse est
négative : "Non seulement Dieu n'existe pas, mais essayez
de trouver un plombier pendant le week-end. »

Pierre Desproges.

FICHE TECHNIQUE
Comédie de Woody Allen, 1 h 33, couleurs.
Avec : Woody Allen (Alvy Singer), Diane Keaton (Annie Hall), Tony Roberts (Rob), Carol Kane (Allison), Paul Simon (Tony Lacey), Colleen Dewhurst (la mère d'Annie), Janet Margolin (Robin), Shelley Duvall (Pam), Joan Newman (la mère d'Alvy), Marshall McLuhan et Dick Cavett (dans leurs propres rôles), Jonathan Munk (Alvy enfant).
Scénario : Woody Allen et Marshall Brickman.
Photographie : Gordon Willis.
Directeur artistique : Mel Bourne.
Décors : Robert Drumheller, Justin Scoppa Jr, Barbara Krieger.
Costumes : Ruth Morley, Ralph Lauren.
Son : James Sabat, James Pilcher, Jack Higgins.
Montage : Ralph Rosenbaum, Wendy Greene Bricmont.
Animation : Chris Ishii.
Production : Robert Greenhut, Charles H. Joffe & Fred T. Gallo pour Jack Rollins Charles H. Joffe Production.

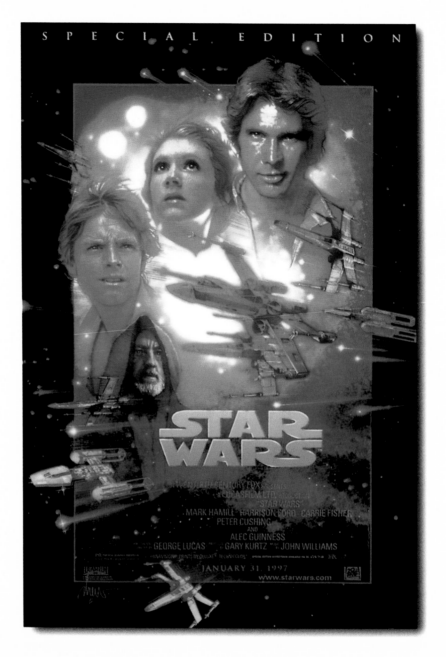

« *Je me suis rendu compte que je devais faire des films de divertissement ou me résoudre à n'être distribué que par les cinémathèques.* »

Georges Lucas.

GEORGE LUCAS

La Guerre des étoiles

« STAR WARS »
1978, ÉTATS-UNIS

IL Y A BIEN LONGTEMPS,
DANS UNE GALAXIE LOINTAINE...

Avec le premier opus de son space opera, La Guerre des
étoiles, *George Lucas obtient un succès d'ampleur
intersidérale. Record jamais atteint au box-office, le film
annonce une myriade de succès faisant, pour longtemps,
de George Lucas le maître de la plus belle réussite
commerciale du cinéma mondial.*

Lorsque *La Guerre des étoiles* sort au cinéma en
1977, il fait l'effet d'une bombe sur les écrans du
monde entier à une époque où l'on ne prête plus
beaucoup d'attention aux mythes. Le climat économique est morose, la guerre froide fait encore rage
aux États-Unis et l'affaire du Watergate a fissuré la confiance
que les Américains peuvent avoir envers leur gouvernement.
Même le programme spatial, symbole de progrès et de réussite
tel que l'avait voulu John F. Kennedy au début des années
soixante, connaît un net ralentissement. L'Amérique a sans
doute besoin de nouvelles histoires, de nouveaux espoirs et de
quoi réveiller au moins une de ses industries. En réussissant
à marier dans un même récit – le voyage initiatique du héros –
l'universel à des interrogations actuelles, Lucas cristallise l'éternel combat entre le Bien et le Mal en offrant des repères simples
et solides en même temps qu'*Un Nouvel Espoir*, sous-titre du
film.

Alors que Lucas commence à travailler sur le scénario de
La Guerre des étoiles, il réalise qu'il faudra bien plus d'un film
pour arriver au bout de son projet dont l'histoire entière est

L'espace est dominé par l'Étoile
noire commandée par le Grand
Moff Tarkin. La Princesse Leïa
Organa est à l'origine de la révolte
mais son vaisseau est accosté par
l'Étoile. Elle arrive à en confier les
plans au chevalier Ben Kenobi qui
vole aux secours des insurgés avec
son neveu Luke. Une grande
bataille stellaire s'engage et Luke
triomphe grâce à la force que lui
a transmise son oncle

GEORGE LUCAS

1943 : naissance de George Lucas à Modesto, Californie, où son père tient un commerce.

1960 : Alors qu'il rêve de faire de la course automobile, un accident de la route l'empêche de poursuivre son rêve.

1965 : il entre dans le département de cinéma de l'University of Southern California et réalise un premier court-métrage : *Look at life*.

1966 : Herbie, *Freiheit*, *1 :42 :08. A Man and his car*.

1967 : premier court-métrage.

1968 : *THX 1138 : 4EB*.

1969 : *Moyen métrage :* *Filmmaker* documentaire sur Francis Coppola et le tournage de *Brain People*.

1971 : premier long-métrage *THX 1138*.

1973 : *American Graffiti*.

1979 : quitte la mise en scène pour la production *L'Empire contre attaque* de Irvin Kershner.

1980 : *Kagemusha* de Akira Kurosawa, *Les Aventuriers de l'Arche perdue* de Steven Spielberg.

1981 : *Body Heat* de Lawrence Kasdan.

1983 : *Le retour du Jedi* de Richard Marquand.

1984 : *Indiana Jones et le temple maudit* de Steven Spielberg.

1988 : *Willow* de Ron Howard.

1989 : *Indiana Jones et la dernière croisade* de Steven Spielberg.

1999 : revient à la mise en scène avec *La Menace fantôme*.

2002 : *L'Attaque des clones*.

complexe. La genèse de tout cela : les origines de Dark Vador, l'enfance de ses enfants, qui était sa femme, les rapports avec Ben Kenobi, l'accession au pouvoir de l'Empereur, a toujours articulé chacun des épisodes de sa saga. « J'ai d'abord essayé d'adapter certains grands principes de la mythologie à mon histoire. Comme cela ne fonctionnait pas, j'ai finalement décidé de laisser tomber et de me consacrer à la rédaction de l'histoire à part entière. J'ai découvert en me relisant que tous les principes que j'avais essayé d'appliquer sans succès au départ étaient tous présents. Je les avais tous utilisés inconsciemment. Je m'étais tellement immergé dans ces principes au moment de l'écriture du scénario (…) que toutes ces choses se sont retrouvées comme naturellement distillées dans mon histoire. Après cela, je suis revenu sur l'intrigue et j'ai affiné mon travail. Dès que je trouvais un élément qui me paraissait en dehors de la voie que je m'étais tracée, j'essayais de le refaçonner, de manière à ce qu'il atteigne une portée plus universelle, au sens mythologique du terme » raconte George Lucas. Par ce travail à la fois de titan et de démiurge, le cinéaste est l'auteur d'un univers qui connaît déjà un passé et dans lequel chaque civilisation est régie par un ensemble de lois. Mais en ouvrant son film comme un conte à l'ancienne (« Il y a bien longtemps, dans une galaxie lointaine, très lointaine... »), il a tenu à nous dire que l'histoire située dans une époque passée – même si l'univers qu'il décrit ne nous rappelle rien – va nous en dire long sur notre histoire et nos origines. Car même si les personnages sont des voyageurs de l'espace, ils combattent au sabre, affrontent la sorcellerie, craignent un chevalier noir... comme dans les contes du Moyen Âge. Et à l'image de la tradition des mythes classiques, le héros est appelé par l'aventure suite au message de détresse de la Princesse Leïa.

Des décors ahurissants, un mélange d'humour et d'insolite, une bande-son amenant à la sensation d'hallucinations auditives (ce sont les débuts du Dolby), le ton et l'esthétique de *La Guerre des étoiles* provoquent un choc inédit. Un budget de 11 millions de dollars, des recettes sur les billets vendus dans le monde entier de 780 millions de dollars, jamais avant *Star Wars* le cinéma n'était parvenu à une telle immensité.

En 1968, Lucas réalisa son premier film de science-fiction. Rien dans *THX 1138,* fable futuriste imprégnée d'un univers orwellien, ne pouvait laisser présager que son auteur serait à l'origine d'une mythologie moderne. Échec commercial, Lucas réajuste ses ambitions : « Je me suis rendu compte que je devais faire des films de divertissement ou me résoudre à n'être distribué que par les cinémathèques ». Devenu bâtisseur d'empire, il a produit et dirigé six des dix plus gros succès commerciaux de tous les temps et son association avec Steven Spielberg rappelle, en plus pharaonique, celle de Selznick avec De Mille.

FICHE TECHNIQUE
Film de science-fiction réalisé par George Lucas, 2 heures, couleurs
Avec : Mark Hamill (Luke Skywalker), Harrison Ford (Han Solo), Carrie Fisher (Princesse Leïa), Peter Cushing (Grand Moff Tarkin), sir Alec Guinness (Ben Obi-Wan Kenobi), Peter Mayhew (Chewbaca), Phil Brow (Oncle Owen), Shelagh Fraser (Tante Bern), Jeake Purvis (le chef Jawa), Alex Mc Crindle (General Dodonna), Anthony Daniels (C-3 PO), Kenny Baker (R2 D2), James Earl Jones (voix de Dark Vador)
Scénario : George Lucas
Photo : Gilbert Taylor, Carrol Balard
Décors : Roger Christian
Costumes : John Mollo
Maquillage : Stuart Freeborn
Direction artistique : Lesly Dilley, Norman Reynolds
Effets spéciaux : John Dykstra, Nelson Shin, Tony Dyson, Conn Tiney, Dave Carson
Son : Ben Burtt, Robert R. Ritledge, Sam F. Shaw
Musique : John Williams
Montage : Richard Chew
Production : Gary Kutz, George Lucas (Lucasfilms)

« *Un succès colossal, dû en partie à l'excellente musique des Bee Gees [...] et aussi aux talents de danseur – et de comédien – de Travolta.* »

Guide des films, J. Tulard.

JOHN BADHAM

La Fièvre
du samedi soir

«*SATURDAY NIGHT FEVER*»
1978, ÉTATS-UNIS

AVOIR VINGT ANS À BROOKLIN

À l'origine d'un détonant ouragan disco,
La Fièvre du samedi soir *bouscule les conventions, propulse*
John Travolta au sommet et fait littéralement exploser
les ventes de disques des Bee Gees. Surprenante chronique
d'une tranche de la jeunesse de Brooklyn, le film raconte
sans complaisance les rêves et les malaises de ceux
qui ont vingt ans à la fin des années 1970.

Chemise ouverte en polyester, démarche chaloupée, brushing maîtrisé, chaîne en or astiquée, enchaînements bien huilés… voilà ce que l'on retient de l'esthétique très marquée de *La Fièvre du samedi soir* dont le héros, incarné par John Travolta, continue encore de diffuser dans nos souvenirs son sex-appeal irrésistible. Il est vêtu de son costume blanc, et chacun de ses mouvements balance entre douceur et érotisme, faisant tourner la tête de toutes les filles comme des boules à mille facettes pendant que les voix perçantes des frères Gibb (les Bee Gees) alimentent le vertige en tintinnabulant.

Au moment du tournage du film en février 1977, le public connaît déjà bien les yeux bleus et la fossette au menton de John Travolta. Voilà en effet deux ans qu'il incarne Vinnie Barbarino, un personnage récurrent de la série télévisée *Welcome Back, Kotter,* que beaucoup comparent au type cool de *Happy Days,* Fonzie, mais sans l'aspect lisse et gentil inhérent à cette série très comme il faut. *Welcome Back, Kotter,* qui rompt avec la tradition des adolescents trop propres, trop mignons, et finalement trop polis pour être vrais, est adoptée en masse par un public qui

Tous les samedis soir, Tony, vendeur chez un marchand de couleurs, est le roi de la danse sur la piste clignotante du « 2001 », la boîte de nuit de son quartier. Amoureux de Stéphanie, il lui propose d'être sa partenaire pour le concours de danse organisé à la boîte. La jeune femme accepte mais ne se laisse pas séduire pour autant. Ils remportent le concours, mais Tony est écœuré quand il réalise que tout était truqué. Il décide de quitter définitivement son quartier d'origine, Brooklyn, pour commencer une nouvelle vie, dans les bras de Stéphanie ?…

JOHN BADHAM
1939 : naissance à Luton, Angleterre, de John Badham, fils de l'actrice Mary Ewitt.
1959 : étudie à Yale.
1976 : *Bingo*.
1979 : *Dracula*.
1981 : *C'est ma vie après tout.*
1982 : *Tonnerre de feu.*
1983 : *War Games.*
1987 : *Étroite Surveillance.*
1990 : *Comme un oiseau sur la branche.*
1992 : *Nom de code Nina.*
1997 : *Incognito.*

attendait un tel événement depuis longtemps. Robert Stigwood, le producteur de *La Fièvre…*, à la recherche de celui qui incarnera son héros, pense alors (après avoir abordé Al Pacino qui, en plus d'être déjà trop vieux, ne sait pas danser) à celui qui, à vingt-trois ans, est déjà une star du petit écran. Travolta, lui, non seulement est la nouvelle coqueluche des Américaines auquel la jeunesse va s'identifier, mais, de surcroît, il pratique la danse depuis l'adolescence, a débuté dans des comédies musicales à Broadway et adore la musique. Ayant le sentiment de dégoter la perle rare, Stigwood lui fait immédiatement signer un contrat de 1 million de dollars pour trois films. Travolta entame alors un entraînement physique intensif dirigé par Jimmy Gambina, l'entraîneur de Stallone pour Rocky. Bien qu'ayant été formé à la danse, il doit pour ainsi dire repartir de zéro. Cinq mois plus tard et 5 kilos en moins, Travolta est devenu un dieu du disco qui sait faire mouvoir son corps avec une rare sensualité. Des nuées de jeunes filles se massent dans les rues pour l'apercevoir, pendant que les petits amis de celles-ci, présents aussi, brandissent des pancartes « we hate you » (« on te déteste ») à son intention.

Mais le succès du film ne se résume pas à l'ascension de ce sex-symbol ni au phénomène « disco » largement embelli par les quatre tubes inédits des Bee Gees. *La Fièvre du samedi soir* est un film dur, underground pour l'époque, où le langage est cru, les rapports entre garçons et filles d'une violence glaçante et la perception de l'avenir vraiment pessimiste. D'un côté de l'East River, Brooklyn, où Tony vit avec sa famille et où il est vendeur chez un quincaillier, et de l'autre, Manhattan, terre qui promet un avenir meilleur, où Stéphanie vient d'emménager. Tony pourrait comme ses collègues passer toute sa vie à vendre des pots de peinture et finir avec un mal au dos incurable, mais l'injustice, l'amour, la mort, l'abandon par son frère de sa carrière de prêtre, et cette petite chose qu'il a en plus des autres, la danse, sont autant de détonateurs qui feront sauter les portes du pont de Brooklyn pour qu'il passe enfin de l'autre côté. Tony ne finira pas sa vie là où elle a commencé, mais il fait figure d'exception. Réflexion sur le milieu d'où l'on vient, *La Fièvre…* peint une jeunesse timorée à l'attitude fataliste. Mariant comédie et gravité, le scénario de Norman Wexler montre les jeunes tels qu'ils sont. Tony est peut-être sûr de lui, parfait et crâneur en présence de ses copains, mais il n'affiche que des maladresses en présence de Stéphanie avec qui il mène une véritable guerre des sexes. Beau, drôle, talentueux et désirable, il est aussi brutal, d'une exécrable goujaterie avec Annette, et, comme ses amis, raciste et homophobe. Le héros lisse et parfait n'est plus de mise. Cette rupture de ton est une preuve de courage de la part du producteur. La liberté de langage portée par des dialogues très directs est toute nouvelle. Elle choque tellement le producteur de la Paramount (celui qui finance le film et non Stigwood qui porte le film sur ses épaules depuis le début) que le réalisateur, John Badham, est renvoyé lendemain de la sortie afin qu'il ne puisse jamais refaire de films aussi « vulgaires ». Mais, bien vite, cette tonalité aux accents de vérité sera reconsidérée par les plus outrés. Le 12 décembre 1977, la première du film a lieu au prestigieux Chinese Grauman's Theater. La projection est suivie d'une immense réception qualifiée de « soirée la plus chère du monde ». Les plateaux de la Paramount sont, pour l'occasion, transformés en gigantesque discothèque. En soixante-dix jours, le film encaisse 150 millions de dollars seulement aux États-Unis et en rapportera au final plus de 740 millions, chiffre faramineux qui le catapulte au rang des dix plus gros succès de l'histoire du cinéma. Les disques des Bee Gees sont vendus à 1 million d'exemplaires au bout de trois mois. Numéro un des ventes pendant vingt-cinq semaines, il faudra attendre le *Thriller* de Michael Jackson en 1984 pour battre ce fabuleux record.

FICHE TECHNIQUE
Comédie dramatique réalisée par John Badham, 1 h 50, couleurs.
Avec :
John Travolta (Toni Manero), Karen Lynn Gorney (Stéphanie), Barry Miller (Bobby C.), Joseph Cali (Joey), Paul Pape (Double J.), Donna Pescow (Annette), Bruce Ornstein (Gus), Julie Bovasso (Flo), Martin Shakar (Frank), Sam Coppola (Fusco), Nina Hanson (grand-mère), Lisa Paluso (Linda), Deneuyx Dillon (Doreen), Bent Michaels (Pete), Robert Costanzo (client du magasin de couleurs).
Scénario : Norman Wexler, d'après les chroniques de Nick Cohn.
Photo : Ralph D. Bode.
Décors : James Mazzola.
Costumes : Patricia von Brandenstein.
Son : Les Lazarowitz, Dan Wallin.
Musique : Barry Gibb, Maurice Gibb, Robin Gibb (chansons), David Shine, Modest Mussorgsky, Frédéric Chopin.
Montage : David Rawlins.
Production : Robert Stigwood, Milt Velsen, Kevin McCormick.

« *Le choc. L'impression de vivre l'un des plus grands moments de l'histoire du cinéma.* »

L'Express, 24/09/1979.

Apocalypse Now
1979, ÉTATS-UNIS

LA FRESQUE SUR LA GUERRE DU VIÊT-NAM

Libre adaptation de Au Cœur des ténèbres *de Joseph Conrad,* Apocalypse now *est un film délirant sur la guerre du Viêt-nam qui scrute avec force la troublante folie des hommes, s'égarant avec elle. Œuvre de la démesure et aventure financière traumatisante, le film remporte la palme d'or à Cannes en 1979.*

Durant les quinze mois qui suivent l'arrivée de Coppola et de ses techniciens sur le lieu du tournage du film aux Philippines, *Apocalypse Now* va faire appel aux services de milliers de philippins et dépenser des milliers de dollars qui iront directement dans les caisses de l'État. Contrairement à d'autres films de grande envergure tournés hors des États-Unis, le nouveau film de Coppola ne dispose pas des ressources techniques habituelles et les décors doivent être élaborés et fabriqués sur place. Après un mois de tournage, alors que des difficultés de main d'œuvre et de moyen se font déjà ressentir, Coppola explose littéralement et se plaint au Pentagone de son « manque de soutien ». Le 22 avril 1976, il écrit ces mots au secrétaire de la Défense Donald Rumsfeld : « Nous avons d'abord essayé de tourner un film en Australie. Alors que nous étions sur le point de conclure un accord avec le gouvernement australien, une soudaine volte-face nous a interdit d'utiliser ses hélicoptères et son armement. Une rumeur non confirmée a imputé ce refus à l'intervention de militaires américains auprès de certains de leurs collègues australiens. (…) Si on me refuse votre soutien, je peux

En pleine guerre du Viêt-nam, le capitaine Willard a pour mission de retrouver avec ses hommes le colonel Kurtz au-delà de la frontière cambodgienne. Il décide de suivre le fleuve, est le témoin de la destruction d'un village au napalm avant d'assister à un spectacle de playmates venues soutenir les soldats. Il retrouve alors Kurtz dans une atmosphère de démence et le tue.

FRANCIS COPPOLA

1939 : naissance de Francis Ford Coppola à Detroit dans le Michigan, d'un père flûtiste et d'une mère ancienne actrice. Sa famille déménagera la même année dans le Bronx.

1948 : il fait un premier film en 8 mm *The Rich Millionaire and the Lost Wallet.*

1949 : contracte la polio et perd l'usage de son bras gauche.

1955 : il entre à l'académie militaire de Corndwall à Huston et suit une formation théâtrale.

1955 : il entre dans le département de cinéma de l'UCLA et travaille aux côtés de Roger Corman en collaborant à des petits films érotiques.

1960 : réalise un premier long-métrage avec Mikail Karzhukov : *Nebo Zovyot.*

1961 : *Tonight for sure*

1962 : *The Playgirls and the Bellboy.*

1966 : *You're a Big Boy Now.*

1969 : *The Rainpeople.* Il fonde sa maison de production conçue pour des jeunes scénaristes : *American Zoetrope.*

1972 : *Le Parrain.*

1974 : *Le Parrain II.*

1983 : *The Outsiders, The Rumble Fish.*

1984 : *The Cotton Club.*

1986 : *Captain Eo, Peggy Sue got married.*

1990 : *Le Parrain III.*

1992 : *Dracula.*

1997 : *The Rainmarker.*

2003 : *Megalopolis.*

seulement en conclure que l'armée utilise le pouvoir qu'elle a sur ses avions pour décider quels films ou non peuvent être réalisés. C'est peut-être la raison pour laquelle aucun film sur le Viêt-nam n'a jamais été fait ». Le tournage n'en est encore qu'à ses débuts, que Coppola renvoie l'acteur Harvey Keitel qu'il remplace par Martin Sheen et quand la nouvelle parvient à Hollywood, elle prend des proportions démesurées. Le tournage reprend et les trois semaines suivantes sont très dures : on tourne la devenue célèbre attaque aérienne du village et le bombardement au napalm. Le 7 mai, une horde de jets F-5 retentit alors dans le ciel, lançant des boîtes métalliques qui semblent contenir du napalm tandis qu'on allume 4 500 litres d'essence recueillie dans une énorme tranchée. Postée à 800 mètres de là, la femme de Coppola se souvient d'avoir ressenti : « une énorme bouffée de chaleur. De l'autre côté du lagon, les figurants vietnamiens ont dû se la prendre de plein fouet ». Après une sècheresse insupportable, c'est un typhon qui s'abat sur Manille, interrompant le tournage pendant six semaines et détruisant totalement décors et matériel. Les dégâts s'élèvent à 1,5 million de dollars alors que le film accuse déjà un retard d'un mois et demi et 2 millions de dollars de dépassement. United Artist accepte de combler le trou à condition que Coppola rembourse plus tard, si les recettes excèdent les 40 millions (elles atteindront 38 millions sur le territoire américain). Lorsque l'homme envoyé par la compagnie d'assurance se rend sur place, il révèle qu'il n'a jamais de sa carrière dû payer une somme aussi élevée. Pour la scène du bombardement du pont, l'équipe réunit 500 bombes fumigènes, 100 bâtons phosphorescents, 4 500 litres d'essence, 35 bâtons de dynamite pour chacune des 50 explosions dans l'eau, 2 000 roquettes ainsi que 1,5 mètre de mèche pour détonateur. Le chef opérateur Vittorio Storaro se souvient : « La lumière artificielle n'était jamais assez puissante pour illuminer la jungle alentour. Nous avons dû utiliser les explosions comme des sources lumineuses en plus des lampes ». Mais la fabrication des décors n'avance pas assez vite et chaque jour de retard coûte entre 30 000 et 50 000 dollars. Au soixante-cinquième jour de tournage, le scénario initial n'est plus du tout respecté et l'assurance de Coppola commence à flancher comme il le confie à sa femme : « Ma plus grande peur est de faire un film merdeux, pompeux et embarrassant sur un sujet important – et c'est ce que je suis en train de faire… ce film est un désastre de 20 millions de dollars (31,5 au final). Pourquoi personne ne veut me croire ? J'ai envie de me tirer une balle dans la tête ». Plus tard, l'arrivée de Brando, qui accepte de ne travailler que quatre jours par semaine pendant quatre semaines, le remotive avant d'être un nouveau souci quand ils abordent ensemble le personnage de Kurtz. Le 15 septembre, alors qu'il n'arrête pas de pleuvoir, Storaro découvre Coppola allongé qui lui dit : « Je crois que j'ai été cinglé de m'embarquer dans une aventure aussi démente. Peut-être que je n'étais pas prêt. Il n'y a aucun espoir d'entente /entre Brando et moi/ (…) on va tout arrêter ». Mais le chef opérateur lui donne une nouvelle idée. Les scènes de Kurtz sont alors tournées au débotté et Brando invente ses dialogues. La digression sous forme de monologue de Kurtz durera au final quarante-cinq minutes. La fin du tournage approche et Coppola doit arrêter son choix sur les dernières scènes du film. Après avoir été malade, Brando rentre à la date prévue. C'est à ce moment-là que Coppola réalise qu'il a encore besoin de lui pour quelques plans. Brando refuse. Son agent accepte contre 70 000 dollars…

Histoire d'un tournage fou et destructeur, les aventuriers d'*Apocalypse Now* s'en souviennent. Ils n'oublient pas non plus qu'ils ont participé à la création d'une fresque qui montre ce que personne, à part les soldats, n'avait jamais vu jusqu'alors.

FICHE TECHNIQUE

Film de guerre réalisé par Francis Coppola, 2 h 27, couleurs.
Avec : Martin Sheen (Capitaine Willard), Marlon Brando (Colonel Kurtz), Frederic Forrest (Chef), Robert Duvall (Kilgore), Sam Bottoms (Lance), Dennis Hopper (le photographe), G.D. Spradin (le Général), Harrison Ford (le Colonel), Jerry Ziesmer (le Civil), Scott Glenn (Colby), Laurence Fishburne (Clean), Boy Byers (le sergent de la police militaire), Christian Marquand (Hubert de Marais), Aurore Clément (Roxanne Sarrault), Michel Pitton (Philippe de Marais).
Scénario : John Milius, Francis Coppola.
Commentaire : Michael Herr.
Photo : Vittorio Storato.
Décors : Angelo Graham.
Costumes : Charles E. James.
Directeur artistique : Dean Tavoularis.
Son : Richard P. Cirincione, Walter Murch, Brian Slack.
Musique : Carmine Coppola, Francis Ford Coppola, Mickey Hart, « The Doors », Richard Strauss.
Montage : Lisa Fruchtman, Gerarld B. Greenberg, Richard Marks, Walter Murch.
Production : John Ashley, Francis Ford Coppola, Gray Frederickson, Shannon Lail, Eddie Romero , Fred Roos, Mona Skager, Tom Sternberg.

« Elephant Man *a évité le risque de devenir un film d'épouvante. C'est là sa force : faire admettre l'inadmissible, rendre tendre, enfantin, un visage qui n'était que torture et difformité.* »

Le Matin, 19/01/1981.

DAVID LYNCH

Elephant Man

1980, ÉTATS-UNIS

VOLONTAIREMENT POPULAIRE

*En 1981, la sortie d'*Elephant Man *révèle au grand public
le talent hors norme d'un cinéaste iconoclaste :
David Lynch. Chef-d'œuvre original, mélodrame
bouleversant, le film fait une peinture sans concession
de la société victorienne d'où émerge le timide cri
de l'homme-éléphant, magnifiquement interprété par
John Hurt, méconnaissable.*

Avec son premier film *Eraserhead*, qu'il a mis cinq ans à réaliser, David Lynch révèle à l'écran son talent artistique incontestable ainsi que son originalité. Mais le caractère particulièrement sombre du film et la hardiesse de son auteur disent aussi qu'il lui sera difficile de trouver sa place dans l'industrie du cinéma américain, pour le moins conventionnelle. Comme les anges gardiens qui traversent les films de Lynch (la dame au radiateur dans *Eraserhead*, la bonne fée de *Sailor et Lula,* l'ange que voit Laura Palmer dans *Twin Peaks*, le film), le dénommé Stuart Cornfeld, alors producteur exécutif pour Mel Brooks, littéralement séduit par *Eraserhead*, croise le chemin de Lynch. Un premier projet ensemble, *Ronnie Rocket*, n'aboutira pas. Lynch, alors résigné, dit à Cornfeld qu'il est à la recherche d'idées ou de scénarios qui pourraient l'inspirer : « Nous étions assis à table et nous en sommes venus à un moment où j'ai dit : "O-K, Stuart, qu'avez-vous trouvé ?" Et il m'a répondu : "J'ai trouvé quatre trucs. Le premier s'appelle *Elephant Man*." Quelque chose s'est déclenché dans ma tête et j'ai dit : "C'est ça !" […] Je ne savais rien et pourtant je savais tout », raconte le réalisateur.

Londres 1884. Treves, chirurgien respecté, achète à un forain la plus effroyable de toutes ses attractions : l'homme-éléphant, John Merrick, dont le corps est abominablement déformé. Il l'installe à l'hôpital où il exerce, arrive à le refaire parler et découvre que l'homme est doué d'une sensibilité extraordinaire. Merrick devient alors l'objet de toutes les curiosités, mais pas toujours des plus saines.

DAVID LYNCH

1946 : naissance de David Lynch à Missoula, Montana. Son père est chercheur au ministère de l'Agriculture et sa mère enseignante à domicile. Ils déménageront souvent dans des petites villes du pays.

1963 : après son bac, il part à la Boston Museum School.

1965 : entre à la Philadelphia Academy of Fine Arts et se destine à la peinture.

1966 : réalise un premier court-métrage, *Six Figures Betting Sick*, qu'il passe en boucle sur une sculpture.

1968 : *The Alphabet*, grâce auquel il reçoit une bourse de l'American Film Institute.

1970 : *The Grandmother*.

1977 : *Eraserhead*, premier long-métrage qu'il met cinq à faire.

1984 : *Dune*.

1986 : *Blue Velvet*.

1990 : série TV *Twin Peaks*.

1992 : *Twin Peaks : Fire Walk with Me*.

1997 : *Lost Highway*.

1999 : *Une histoire vraie*.

2001 : *Mulholland Drive*.

Un scénario de Chris de Core et Eric Bergen existe déjà. Cornfeld et Lynch partent alors à l'assaut des majors, qui refusent toutes l'idée, sans compter que plusieurs projets sur le même sujet sont déjà en développement, notamment une option prise sur une pièce de théâtre de Bernard Pomerance jouée sur scène à l'époque par David Bowie. Ils font alors lire le scénario à Anne Bancroft et Mel Brooks, qui adorent l'histoire. Brooks demande alors à voir *Eraserhead*, ce qui met Lynch dans une panique insurmontable, et, à sa grande surprise : « Mel s'est avancé à grands pas vers moi, les bras écartés – il courait presque ! Et il m'a pris dans ses bras et il m'a dit : "Tu es complètement fou, je t'aime ! Tu fais le film" […] Je ne connaissais Mel qu'en tant qu'acteur comique, mais ce type est vraiment étonnant. C'est un mec très fin, très sensible. […] Il m'a non seulement donné la chance de ma vie, mais il m'a soutenu comme personne ne l'a fait depuis. » On se demande quelle est la part artistique du réalisateur de *Frankenstein Junior* – une parodie hilarante du livre de Mary Shelley dans laquelle le monstre est un lointain cousin de John Merrick – sur le projet. Ce qui est sûr, c'est qu'il s'est toujours battu avec autorité pour que Lynch aille jusqu'au bout de sa vision. Après une réécriture du scénario qui s'attache à tenir le spectateur en haleine et à ménager une progression dramatique, *Elephant Man* va se faire pour un budget de 5 millions de dollars. Le tournage a lieu en Angleterre, et le trac commence à s'emparer du metteur en scène quand il réalise qu'il va diriger des acteurs aussi chevronnés que John Gielguld et Anthony Hopkins : « Je n'avais fait qu'*Eraserhead* et, venant

de Missoula dans le Montana, mettre en scène un drame victo-
rien à Londres, en Angleterre, avec la crème des crèmes, n'a pas
été du tout cuit […]. C'était vraiment génial, mais je n'ai pas
passé un seul jour sans ressentir cette terreur, je ne me suis
jamais senti en sécurité. » Il trouve alors la force de tenir en pensant à la personnalité de John Merrick, le personnage d'elephant
man qui a vraiment existé, et dont l'étrangeté, la beauté et l'innocence sont bouleversantes. Dans le film, son drame nous touche de façon poignante : sa grosse tête disproportionnée et les
yeux tristes de John Hurt nous disent qu'il n'est pas un monstre
mais un enfant. Plus sa situation administrative s'arrange, plus
ses nuits se transforment en cauchemar avec la visite du portier
avide et avare, l'enfonçant toujours plus dans sa différence, qu'il
rejette en hurlant qu'il n'est pas un animal, mais « un être
humain ». La densité du film repose aussi sur sa cohérence stylistique, grâce au parallèle fait entre la révolution industrielle et
le corps en bouleversement de John : « On voit des images d'explosions – de grosses explosions – et elles m'ont toujours fait
penser à ces excroissances en forme de papilionacés sur le corps
de John Merrick […] L'idée des cheminées d'usine, de la suie et
de l'industrie associées à cette chair a aussi contribué à ce que je
tienne bon. Les êtres humains sont de petites usines. » Image en
noir et blanc qui rappelle la noirceur et les fumées d'usines de la
ville de Londres, bande-son exprimant à la fois l'organique et le
mécanique, *Elephant Man* est une grande réussite esthétique,
toujours au service de l'histoire.

La première du film a lieu à New York en octobre 1980. Le
succès est mondial et restera pendant longtemps le plus grand
triomphe de Lynch au cinéma, accompagné d'un prix à Avoriaz
et de huit nominations aux oscars. Beaucoup de cinéphiles y ont
vu pourtant un film classique, voire « tireur de larmes », faisant
l'apologie des bons sentiments bourgeois. Mélange d'une mise
en scène sage et d'un style cinématographique subtil et évolué,
Elephant Man est un film volontairement populaire où l'auteur,
sans effet de signature, s'affirme comme un artiste authentique
qui ne désavoue pas son œuvre : « Je pense que j'ai fait le
meilleur boulot qu'on pouvait faire. »

FICHE TECHNIQUE
Drame réalisé par David Lynch,
2 h 05, noir et blanc.
Avec : John Hurt (Merrick),
Anthony Hopkins (Frederick
Treves), John Gielgud
(Carr Gomm), Anne Bancroft
(Madge Kendal), Freddie Jones
(Bytes).
Scénario : Christopher De Core,
Eric Bergen, David Lynch
d'après les livres de sir Frederick
Treves *The Elephant Man and
Other Reminiscences* et d'Ashley
Montaigu *The Elephant Man,
a Study in Human Dignity*.
Photo : Freddie Francis-
CinémaScope.
Décors : Stuart Craig,
Bob Cartwright.
Costumes : Patricia Norris.
Maquillage : Christopher
Tucker.
Son : Alan Splet, Robin Gregory,
Peter Horrocks.
Montage : Anne V. Coates.
Musique : John Morris.
Production : Mel Brooks,
Jonathan Sanger (Brooksfilms).

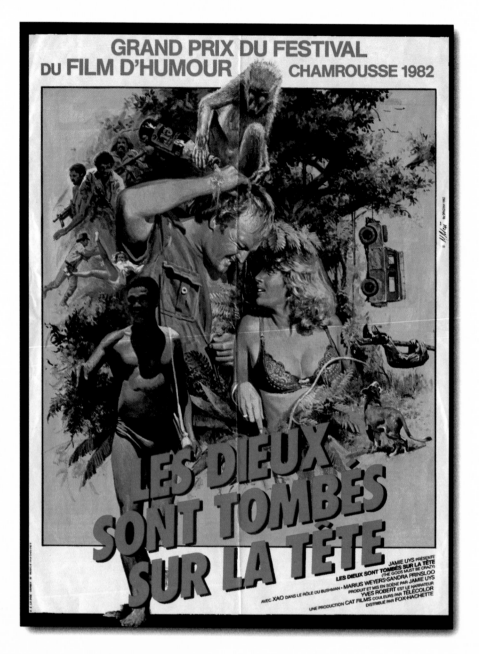

« *Un film réussi tous azimuts, c'est rare. […] vous trouverez tout ce que vous pouvez espérer d'un spectacle de divertissement : le comique, la réflexion, la satire, la tendresse, la délicatesse…* »

Le Figaro, 21/01/1983.

Les dieux sont tombés sur la tête

« *THE GODS MUST BE CRAZY* »
1981, BOTSWANA

DE L'HUMANITÉ, AVEC HUMOUR

Mémorable comédie mettant en scène la confrontation entre la civilisation et l'état de nature, Les dieux sont tombés sur la tête *est un film simple et intelligent qui nous invite à réfléchir sur notre état d'humain avec humour. Comédie burlesque, le film fut un énorme succès dans le monde entier.*

Humble fable sur les différents profils de l'humanité, *Les dieux sont tombés sur la tête* surprend le monde entier à sa sortie et fait le tour du globe avec succès. Se présentant comme du Botswana, le film est en fait sud-africain et son réalisateur un homme blanc qui voua sa vie au cinéma documentaire. D'ailleurs, toute la partie concernant la vie dans le Kalahari est écrite et réalisée comme un film documentaire, nous invitant avec simplicité à visiter un pays et une culture que l'on ne connaît pas, cela pour mieux nous préparer au spectacle, mais nous ne le saurons que plus tard. Souvenons-nous plutôt. La caméra fait une plongée du ciel au-dessus de la planète Terre jusque dans la savane, et une voix off nous raconte : « Cela ressemble à un paradis, en fait, c'est le désert le plus traître qui soit, le Kalahari. La courte saison des pluies laisse beaucoup de trous d'eau et même des rivières. Quelques semaines plus tard, l'eau se perd dans les profondeurs sableuses du sol : les trous sont à sec et les rivières s'arrêtent de couler […]. L'homme évite le Kalahari comme la peste, car il a besoin d'eau pour subsister. Ainsi ces merveilleux paysages sont totalement inhabités, sauf

La vie paisible de Bushmen vivant au fin fond du Kalahari est un jour bouleversée par la chute d'une bouteille de Coca-Cola jetée d'un avion. S'interrogeant sur sa provenance, ils pensent que c'est un cadeau des dieux. Mais, la bouteille provoquant la discorde au sein du groupe, Xi décide de la rendre et, pour ce faire, doit aller au bout du monde. Parallèlement, un groupe de terroristes assassine des ministres pour envahir le Botswana pendant que Steyn, un vétérinaire, accueille à sa façon la nouvelle institutrice venue de Johannesburg.

JAMIE UYS
1921 : naissance de Jamie Uys à Boksburg, Afrique du Sud.
1951 : premier film documentaire, *Daar Doer Indie Bosvald.*
1965 : *Dingaka, All the Way to Paris.*
1969 : *Dirkie.*
1974 : *Animals Are Beautiful People.*
1983 : *Funny People.*
1989 : *Les dieux sont tombés sur la tête, la suite.*
1994 : *Feizon chao ren.*
1996 : meurt à Johannesburg d'une crise cardiaque.

par les petits hommes du Kalahari [...]. Là où n'importe quel être humain serait mort de soif en quelques heures, ils vivent heureux dans le désert qui ressemble si peu à un désert. Ils savent où déterrer racines, bulbes et tubercules qui sont bons à manger. Ils savent ce qu'il faut faire pour avoir de l'eau : comment recueillir à l'aube les gouttes de rosée dans les feuilles soigneusement alignées la veille... » Quand, soudain, cette peinture bucolique et paradisiaque est interrompue par une description violente de la civilisation : dans la ville qui se trouve « à 1 000 kilomètres au sud », on voit des autoroutes entortillées encombrées de voitures, des queues dans des supermarchés, des gens qui prennent leur voiture pour poster une lettre à quelques mètres de leur maison... L'homme ne s'est pas adapté à son environnement, nous dit-on, mais il a adapté son environnement à ses besoins, et cette façon de vivre rend fou, nous fait comprendre l'auteur dans une scène qui annonce son humour : « Vous n'êtes pas gênée par le bruit qu'il y a dans ma tête ? » demande la voisine de Kate à la cafétéria.

Opposer aussi radicalement l'état de nature à la civilisation est une mise en place pour l'histoire que l'on va nous raconter, la plus belle de toutes : la rencontre entre des hommes qui vivent aux antipodes et qui ignorent l'existence des autres. Pour se retrouver, il faut les y aider un peu. La vie que mène Kate rend en effet fou, et le métier de journaliste qu'elle exerce est soumis aux lois du marché, l'obligeant à ne traiter que des sujets lénifiants. De l'autre côté, chez les Bushmen, une bouteille de Coca-Cola est tombée du ciel, créant la discorde au sein de la parfaite société qu'ils forment. Kate décide de quitter sa vie pour aller enseigner au Botswana. Xi décide de se débarrasser définitivement de cette maudite bouteille et prend la route pour le bout du monde, d'où il jettera l'objet. La rencontre se prépare, chacun faisant des découvertes au fil de sa promenade formatrice, pendant que le film prend une allure de comédie gaguesque avec comme ressort principal un comique de répétition efficace et assez hilarant. L'histoire d'amour entre Kate et le vétérinaire se tricote, l'histoire des méchants prend de l'ampleur, et la confrontation des valeurs culturelles opposées prend son sens : à l'impatience de Kate répond l'absence totale de repères temporels pour Xi, qui ne sait même pas ce qu'est une semaine ; les petites flèches du Bushman l'emportent sur les armes des trafiquants ; Kate est pudique et coquette alors que Xi la trouve laide et comme habillée de toiles d'araignée… Et c'est finalement leur association au moment de se venger des trafiquants qui fera leur grandeur et leur humanité.

Les dieux sont tombés sur la tête ne sont donc pas seulement une farce aux allures parfois enfantines, c'est aussi une réflexion pédagogique sur la notion d'humanité. « Qu'est-ce donc qu'être pleinement humain ? » nous apprend à nous demander le film. Simplement, l'auteur sort de leurs contextes la femme civilisée soit disant ouverte et le « bon sauvage », la première apprenant ce qu'est l'humanité du second. Chacun se place du point de vue de l'autre, sans rien rejeter de ses attaches, et parvient à mettre fin, pour un temps, à la guerre.

FICHE TECHNIQUE
Comédie réalisée par Jamie Uys, 1 h 40, couleurs.
Avec : Marius Weyers (Andrew Steyn), Sandra Prinsloo (Kate Thompson), N!xau (Xixo), Lòw Verwey (Sam Boga), Michael Thys (Mpudi), Nic de Jager (Jack Hind), Fanyana H. Siduno (garde-barrière 1), Joe Seakatsie (garde-barrière 2), Brian O'Shaughnessy (Mr. Thompson), Vera Blacker (Mrs Thompson), Ken Gampu (le Président), Jamie Uys (Révérend).
Scénario : Jamie Uys.
Photo : Robert Lewis, Buster Reynolds.
Direction artistique : Caroline Burls.
Costumes : Gail Grobbelaar, Mij Reynolds.
Son : Avram D. Gold, Roelf Van Jaarsveld.
Montage : Jamie Uys.
Musique : John Boshoff.
Production : Jamie Uys (Mimosa).

« *C'est le plus simple de mes films sur le plan technique, et le plus complexe sur le plan des émotions. J'y ai trouvé l'équivalent d'un super-effet spécial : une larme dans l'œil d'un enfant. Et c'était merveilleux de pouvoir tout faire reposer sur les sentiments qui lient les êtres.* »

Steven Spielberg, *Film comment.*

STEVEN SPIELBERG

E.T.
l'extraterrestre
1982, ÉTATS-UNIS

NOTRE PETIT MONSTRE PRÉFÉRÉ

*Avec E.T., scintillante histoire d'amitié intersidérale,
Steven Spielberg, déjà réalisateur de grands succès,
émeut le monde entier. Ce petit film,
au modeste budget de 10,5 millions de dollars,
en a rapporté à ce jour 700 millions.*

En 1977, se confiant à François Truffaut qui joue le rôle d'un scientifique français dans *Rencontres du troisième type*, Spielberg exprime son envie de faire un film sur l'enfance, son enfance, dans la lignée de *L'Argent de poche* (1976). Truffaut l'y encourage alors fortement. Après quinze ans passés sur des projets titanesques, ce sujet intimiste enthousiasme peu son entourage professionnel qui n'y voit pas un investissement très fructueux. Spielberg, qui n'a déjà plus grand-chose à prouver, l'aborde donc avec calme et considère qu'il a bien le droit de se faire un petit plaisir... d'enfant, en racontant une histoire qui lui tient à cœur. On imagine la surprise des argentiers de Hollywood face à l'incommensurable succès d'*E.T.*, devenu film emblème.

Spielberg en parle à Melissa Mathison, scénariste et alors épouse de Harrison Ford. Il évoque le décor et le contexte dans lesquels il a grandi : la banlieue, sa solitude. Le projet s'appelle *After School*, puis *A Boy's Life*. Son caractère personnel et très réaliste corsète l'histoire à laquelle il manque toujours le nœud « scénaristique » qui la fera décoller. Parallèlement à ces atermoiements créatifs, Spielberg tente de produire un film de

Une nuit dans la vallée de Los Angeles, une soucoupe volante se pose dans la forêt. Quand elle redécolle, *E.T.,* un des passagers, n'est pas remonté à temps. Il est recueilli par un petit garçon, Elliott, qui l'attire avec des bonbons et le cache dans sa maison. Petit à petit ils vont devenir amis mais *E.T.* qui se languit de sa planète essaye d'y envoyer un message et se perd avec Elliott dans la forêt. Localisés, *E.T.* et son ami font l'objet d'une enquête à la fois policière et scientifique, avant que le petit extra-terrestre ne parvienne à rejoindre les siens.

STEVEN SPIELBERG

1946 : naissance à Cincinnati de Steven Spielberg.

1959 : réalise un premier film court amateur, *The Last Gun.*

1964 : réalise *Firelight,* court-métrage qui raconte l'histoire d'une invasion d'extraterrestres dans une petite ville.

1969 : premier emploi comme réalisateur sur la série de télévision *Marcus Welby, M.D.,* dont il réalise un épisode.

1971 : réalise un épisode de la série *Colombo,* ainsi qu'un téléfilm, *Duel,* adapté du roman de Richard Matheson.

1974 : premier film fait pour le cinéma : *Sugarland Express.*

1975 : *Les Dents de la mer,* il devient mondialement célèbre.

1977 : *Rencontres du troisième type,* dont il modifiera le montage pour une nouvelle sortie en 1980.

1979 : *1941.*

1981 : *Les Aventuriers de l'arche perdue,* dont il fera une suite en 1984.

1983 : *La Quatrième Dimension.*

1986 : *La Couleur pourpre.*

1987 : *L'Empire du soleil.*

1989 : *Always.*

1991 : *Hook.*

1993 : *Jurassic Park,* dont il fera une suite en 1997. Il sera payé pour ce film 250 000 000 dollars, le salaire le plus élevé de toute l'histoire du cinéma. *La Liste de Schindler,* film pour lequel il ne touchera aucun cachet.

1997 : *Amistad.*

1998 : *Il faut sauver le soldat Ryan.*

2001 : *A.I. Intelligence artificielle.*

2002 : *Minority Report.*

2003 : *Arrête-moi si tu peux.*

science-fiction à l'ancienne dans lequel doivent apparaître des petits monstres venus de l'espace. Mais *Nightskies* est un échec pour le jeune producteur et le film tombe à l'eau. Mais comme chez Spielberg rien ne se perd, son récit personnel de l'enfance d'un petit garçon élevé dans une ville-dortoir se trouve soudain augmenté de la visite d'un petit homme venu de l'espace. C'est à ce moment que le scénario d'*E.T.* prend son envol.

Enfant abandonné devant son récepteur, c'est la télévision qui provoque chez Spielberg ses premiers chocs cinématographiques avant de devenir sa formation première, d'abord en tant que spectateur puis comme réalisateur. Grand amateur de séries comme *Star Trek* et surtout *La Quatrième Dimension,* le petit Steven découvre une façon ingénieuse de raconter des histoires. La télévision américaine est, dans les années 1950 et 1960, riche en séries de bonne qualité et inventive sur le plan technique : des moyens réduits encouragent les trouvailles, l'iconographie y est opulente et suggestive. De 1969 à 1973, Spielberg réalise pour la télévision onze épisodes de série et téléfilms. Ironie, ses débuts lui font rencontrer un grand nombre de « twilight-zoniens » dont l'auteur Rod Serling, créateur de la série. Cette télévision, fondatrice de sa culture et de son éducation, est non seulement présente dans *E.T.* parce qu'elle est à l'origine du thème de l'intrusion dans le réel d'un univers fantastique, mais aussi parce qu'elle joue son propre rôle de passerelle entre le réel et le rêve, entre la terre et le ciel. C'est en effet en regardant la télévision que *E.T.* va réussir à trouver le moyen qui le mettra en contact avec les siens.

Le vélo aussi est un instrument qui permet de s'évader : il est l'objet par excellence du passage dans un monde différent.

Les fantasmes développés par le petit Steven lors de ses virées, comme c'est le cas de tous les enfants qui se sentent pousser des ailes dès qu'ils partent seuls en balade, deviennent réalité dans *E.T.* : le vélo permet de semer les adultes, de s'envoler et de voir autrement le quartier dans lequel Elliott habite. Cet objet, qui deviendra le symbole de la maison de production de Spielberg, est aussi la matérialisation de la conviction du réalisateur : les enfants ont raison de rêver comme il l'a tant fait, puisque cela peut mener quelque part. Et croire au rêve est ce qui fait la supériorité des enfants sur les adultes.

Ce rêve est d'autant plus important quand le quotidien ordinaire de l'enfant se déroule dans une banlieue comme les autres avec un père absent (comme ce fut aussi le cas de Spielberg). Mais il ne faut pas pour autant croire que, de cette manière, Spielberg fait le portrait d'une tranche de la middle class américaine. Il montre son milieu, tout simplement, et une Amérique qui est majoritairement de classe moyenne. Comme Frank Capra l'avait fait avant lui, il raconte un conte de fées moderne dans lequel l'homme y est montré simple et sincère. L'Amérique peinte dans *E.T.* est la même que celle de *La vie est belle*. En cela, Spielberg rejoint une grande tradition du cinéma américain à laquelle appartient John Ford, par exemple, pour qui « le soleil brille pour tout le monde ».

Dans *E.T.*, le basculement dans un autre monde procède de la contamination du réel par le fantastique. Savamment dosée, elle progresse en transformant les éléments du quotidien : les boules de pâte à modeler forment une carte des étoiles dans les airs, un parapluie additionné à un jeu éducatif électronique ainsi qu'à un tourne-disque font office d'émetteur. Et c'est non sans humour que Spielberg s'amuse avec ce basculement en faisant jouer au monstre le retour à la réalité : quand *E.T.* s'enferme dans le placard à jouets et qu'il se fait passer pour une poupée inerte cachée parmi les autres. Cette scène, conçue par Robert Zemeckis, annonce, sans le savoir, ce qui deviendra très vite une autre réalité : après la sortie du film, des centaines de milliers d'enfants auront un vrai faux *E.T.* parmi leurs jouets.

FICHE TECHNIQUE
Film fantastique réalisé par Steven Spielberg, 1 h 54, Panavision-couleurs, Dolby.
Avec : Dee Wallace (Mary), Henry Thomas (Elliott), Peter Coyote (Keys), Robert MacNaughton (Michael), Drew Barrimore (Gertie), K.C. Martel (Greg), Sean Frye (Steve), Tom Howell (Tyler), Richard Swingler (le professeur).
Scénario : Melissa Mathison.
Photo : Allen Daviau.
Son : Raul A. Bruce, Gene S. Cantameira.
Décors : James D. Bissel, William Teegarden, Ralph McQuarrie.
Costumes : Deborah Lynn Scott.
Effets spéciaux : Dennis Muren.
Effets visuels : Kenneth F. Smith.
Effets sonores : Charles L. Campbell, Ben Burtt.
Musique : John Williams.
Montage : Carol Littlejohn.
Production : Steven Spielberg-Universal Pictures.

« *Nous rêvons tous d'être Mozart, mais nous sommes tous un peu Salieri.* »

Milos Forman, *l'Express*, 26/11/1984.

Amadeus

1984, ÉTATS-UNIS

FORMAN MOZART

*Le tournage à Prague d'*Amadeus *ramène Forman
dans son pays, qu'il a quitté quinze ans auparavant.
Avant que le film ne soit salué et récompensé
dans le monde entier, ce retour sur sa terre natale est
la première des récompenses.*

« **C**e 25 mars 1985, au Dorothy Chandler Pavillon de Los Angeles, j'étais assis dans les premiers rangs. Je portais l'un des deux mille smokings présents dans la salle et mes chaussures étaient impeccablement cirées. Les paillettes scintillaient autour de moi sur des robes plus chères que des automobiles, et l'air était chargé d'effluves des plus sublimes parfums. Je figurais sur la liste des « nominés » à l'oscar pour la mise en scène d'*Amadeus* […]. Peter Schaffer avait remporté l'oscar de la meilleure adaptation, F. Murray Abraham celui du meilleur acteur, et nous avions également été couronnés pour la direction artistique, les costumes, la bande-son et le maquillage. Enfin, l'homme que j'attendais, Steven Spielberg, monta sur scène, une enveloppe à la main […] et prononça mon nom. […] Une brusque chaleur m'envahit, un puissant choc électrique me propulsa hors de mon fauteuil, le monde n'était plus qu'un crépitement d'impressions, l'auditorium était irréel, Spielberg, une ombre qui me serrait la main, et la statuette de l'oscar me parlait d'indépendance, de tous ces films que j'allais pouvoir faire comme j'avais envie de les faire, de cette vie plus belle, plus grande qui s'ouvrait devant moi », se souvient Forman dix ans après.

Salieri se souvient de l'arrivée de Mozart à la cour de Vienne et du vertige qui s'ensuivit quand il se rendit compte que son talent et sa situation allaient être écrasés par le génie de ce petit être puéril et vulgaire. Dès lors, le maître italien, envahi par la jalousie, multiplie les obstacles pour ruiner la carrière de son rival jusqu'à précipiter la mort de l'immense Mozart.

FICHE TECHNIQUE
Drame réalisé par Milos Forman,
2 h 37, couleurs.
Avec : Tom Hulce (Mozart),
Fahrid Murray Abraham
(Antonio Salieri), Elisabeth
Berridge (Constance Weber),
Simon Callow (Emmanuel
Schikaneder), Roy Dotrice
(Leopold Mozart), Jeffrey Jones
(Joseph II), Christine Ebersole
(Catarina Cavalieri), Richard
Frank (le père Vogler), Patrick
Hines (le maître de chapelle
Bonno).
Scénario : Peter Schaffer,
d'après sa pièce de théâtre.
Photo : Miroslav Ondricek.
Décors : Patrizia
von Brandenstein.
Costumes : Theodor Pistek.
Chorégraphies : Twyla Tharp.
Direction musicale : Neville
Mariner, Academy Chorus of
Saint Martin in the Fields.
Direction artistique :
Karel Cerny.
Son : Chris Newman, Marc
Adler, Mark Berger.
Montage : Michael Chandler,
T. M. Christopher, Nera Darevic.
Production : Michael Hausman,
Bertil Onisson, Saul Zaentz.

Adaptation par Peter Schaffer de sa propre pièce de théâtre, *Amadeus* est avant tout un scénario aussi riche que fluide qui demande à son auteur d'importants remaniements mais dont le présupposé de départ devient au final d'une extrême simplicité : c'est pour se venger de l'injustice de Dieu que Salieri brise progressivement Mozart, ce génie inégalable à côté duquel le talent de son aîné n'est que médiocrité. Après une tentative de suicide, la confession de Salieri à un jeune prêtre fait office de cadre narratif de l'histoire, entièrement traitée en flash-back. « Nous tenions la structure. Tout le reste se mit rapidement en place : nous fîmes de l'homme de Dieu un jeune prêtre à la bouche pleine de platitudes, un autre parangon de médiocrité, qui n'a jamais entendu parler de Salieri car celui-ci a été oublié de son vivant – autre raison de sa rage autodestructrice. Quand on écrit un scénario, c'est généralement la simplicité qui vous donne le plus de mal. » C'est donc à travers le regard de Salieri que nous vivons la grandeur et la déchéance de Mozart. Les différents épisodes de la vie de Mozart correspondent à sa pleine maturité musicale en même temps qu'à son déclin social, pendant la période qui va de *L'Enlèvement au sérail* au *Requiem*. Ils se suivent, reliés entre eux par la musique. Si certains critiques musicaux dénoncèrent les libertés du scénario par rapport à la réalité ou l'aspect caricatural du personnage, c'est qu'ils n'ont pas voulu voir qu'il s'agit de la vision infecte et jalouse de Salieri, entre détestation et jouissance selon qu'il observe comportement ou art. « Notre film ne prétendait aucunement offrir un récit réaliste des rapports obscurs – et méconnus – entre les deux compositeurs. C'était plutôt une rêverie historique, une construction dramatique, une méditation sur ce qui aurait pu être une histoire divertissante. »

La pièce ayant eu du succès, le film attire beaucoup de comédiens, et Forman rencontre un millier d'acteurs qui veulent interpréter l'un de ses deux personnages, quand ce n'est pas les deux : Walter Mathau, dont la présence dans le film aurait pu garantir le financement, tente sa chance pour Mozart. Quand on lui répond que Mozart était un frêle jeune homme blond qui mourut à trente-cinq ans, il rétorque : « Mais qui sait cela en Amérique ? ». Mathau ayant exprimé ensuite sa disponibilité pour le rôle de Salieri, Forman refuse, ne pouvant concevoir qu'un film intitulé *Amadeus* face figurer une star comme Mathau dans le rôle d'un illustre inconnu. Forman tient bon et résiste à toutes les pressions. Son idée est faite depuis longtemps : étant donné que le visage de Mozart est peu connu, il fallait profiter de ce « blanc ». En attribuant le rôle du compositeur à un acteur célèbre, il gâchait la possibilité de faire croire aux spectateurs qu'ils découvraient Mozart pour la première fois. Et si Mozart était joué par un acteur inconnu, Salieri devait l'être aussi. Comme il le fit souvent, et notamment pour beaucoup de ses films tchèques pour lesquels il embaucha un grand nombre d'acteurs amateurs, Forman choisit deux comédiens dont les visages ne devaient rien dire à personne, Tom Hulce (Mozart) et Fahrid Murray Abraham (Salieri), chacun d'eux devant servir en toute humilité un troisième personnage, souverain, la musique.

Enregistrée avant le tournage (contrairement à tout autre film où elle est traitée en dernier), la musique a un rôle actif dans le film. S'il est bien sûr principalement question d'elle dans le film, elle participe aussi à la construction dramatique de l'histoire, chose extrêmement rare au cinéma où, malheureusement, elle n'est souvent qu'illustration. Forman découvre son importance au montage : « Non seulement la musique de Mozart avait un effet magique sur le spectateur, mais elle pouvait aussi raconter une partie de notre histoire. Les notes de Mozart devenaient aussi importantes que les mots de notre scénario ou les images que nous avions filmées. » Le fond rencontre alors la forme avec merveille tout en montrant que le cinéma s'écoute aussi. Dans le monde entier, des millions de spectateurs restèrent assis dans leur fauteuil pour, jusqu'au bout, écouter la divine musique de Mozart qui court jusqu'à la fin des six minutes du générique.

MILOS FORMAN

1932 : naissance de Milos Forman à Caslav, Bohême centrale, Tchécoslovaquie.

1940 : son père, maître des écoles, se fait arrêter par la Gestapo sous ses yeux.

1942 : c'est au tour de sa mère de se faire arrêter. Aucun de ses deux parents ne reviendra des camps où ils furent envoyés.

1945 : rentre à l'école des orphelins de guerre qui accueille les enfants de l'élite communiste. Il y fera la connaissance de Vaclav Havel, de quatre ans son cadet.

1949 : renvoyé du pensionnat, Forman part à Prague où il continue ses études et monte des spectacles théâtraux. Entre en section « scénario » à l'Académie de cinéma par accident. A Milan Kundera comme professeur de littérature.

1950 : travaille comme présentateur à la télévision tchèque.

1954 : écrit le scénario de *Laissez donc, je m'en charge*, réalisé par Martin Fric.

1963 : réalise *Concours* en Tchécoslovaquie.

1966 : *Les Amours d'une blonde*.

1967 : *Au feu les pompiers*.

1971 : *Taking off*, premier film aux États-Unis.

1975 : *Vol au-dessus d'un nid de coucou*.

1979 : *Hair*.

1981 : *Ragtime*.

1989 : *Valmont*.

1996 : *Larry Flynt*.

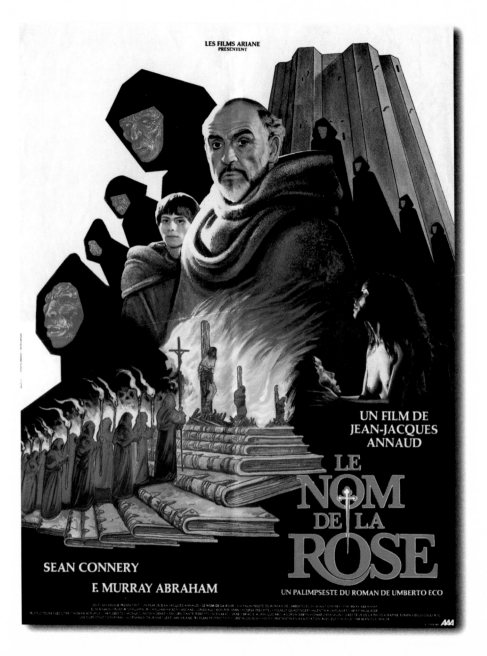

« *En adaptant* Le Nom de la rose, *Jean-Jacques Annaud a eu la sagesse de s'échapper du célèbre roman d'Umberto Ecco. Et parvient à faire rire l'Histoire avec élégance.* »

L'Express, *12/12/1986.*

JEAN-JACQUES ANNAUD

Le Nom de la rose

1986, FRANCE/ITALIE/ALLEMAGNE

LE MÉLANGE DES GENRES

En portant à l'écran le célèbre roman italien d'Umberto Eco, Le Nom de la rose, *qu'il tourne en anglais avec Sean Connery en vedette, le réalisateur Jean-Jacques Annaud relève le défi du mélange des genres au cinéma comme pour annoncer que désormais son œuvre s'affranchit de toute appartenance pour mieux accéder à l'universalité.*

La malédiction de Satan s'abat sur la communauté bénédictine, conduisant les braves fidèles à la mort dans des conditions toutes aussi atroces que mystérieuses : les os brisés après une chute, ou le corps noyé dans une marmite emplie de sang de cochon… Qui est l'ordonnateur de cette épouvantable hécatombe qui propage l'effroi dans les couloirs de l'abbaye, gangrène la société monacale, saisit d'angoisse tous les esprits ? Le diable en personne ? Un de ses envoyés ? Un être doué de sorcellerie ? Avec un aplomb digne de Sherlock Holmes, Guillaume de Baskerville se rapproche pas à pas de la vérité en employant des moyens quasi scientifiques. La ténacité dont il fait preuve prend la forme d'une lutte contre la superstition à une époque où elle règne en maîtresse sur les esprits soumis.

Le scénario du *Nom de la rose* marie à la fois une intrigue policière, des thèmes philosophiques, la religion et la vie quotidienne au Moyen Âge dans une atmosphère de thriller et par moments de film d'horreur. Mais, avant le scénario, il y avait un grand livre du même nom, premier roman d'Umberto Eco, docteur en philosophie et spécialiste des codes du langage, paru en

En 1327, Guillaume de Baskerville, accompagné du jeune novice Adso, enquête sur la mort d'un moine d'une abbaye bénédictine située au cœur des Alpes italiennes. Alors qu'Adso découvre l'amour avec une jeune villageoise, les morts se succèdent dans la communauté, poussant Guillaume à avancer dans ses recherches quand il découvre que la clef du secret se trouve dans la grande bibliothèque.

157

JEAN-JACQUES ANNAUD

1943 : naissance à Juvisy-sur-Orge, Essonne, de Jean-Jacques Annaud, fils d'un employé de la SNCF et d'une mère secrétaire de direction.

1951 : demande à sa mère de l'accompagner à l'Institut des hautes études cinématographiques où il demande à intégrer l'école. On lui répond que c'est impossible avant dix-neuf ans.

1962 : sa mère lui apprend sque l'homme qui l'a élevé n'est pas son père génétique. Il entre à l'IDHEC, directement en deuxième année. Il poursuit en même temps des études de lettres, de grec, d'histoire ancienne et médiévale.

1967 : devient réalisateur de spots publicitaires et en réalisera près de cinq cents.

1976 : premier long-métrage que son séjour au Cameroun pendant son service militaire a inspiré : *La Victoire en chantant – Noirs et Blancs en couleurs.*

1979 : *Coup de tête.*
1982 : *La Guerre du feu.*
1988 : *L'Ours.*
1991 : *L'Amant.*
1995 : *Les Ailes du courage.*
1997 : *Sept Ans au Tibet.*
2001 : *Stalingrad.*

1980 et grand succès de librairie. Comment ce livre touffu et foisonnant pouvait-il trouver un écho au cinéma ? La réponse se trouve dans *La Poétique* d'Aristote, premier ouvrage sur la dramaturgie et livre de chevet de tous les bons scénaristes dont le tome II a disparu dans le film : traitant de la comédie, il contient un enseignement blasphématoire du rire et devient le motif de tous les meurtres affreux. Plutôt que de vulgariser le propos du roman, les auteurs du scénario ont préféré composer avec son érudition, et les signes chers à Eco deviennent ceux d'Annaud : le monastère correspond à une certaine représentation de l'humanité plurielle où les hommes ressemblent ici plus à des animaux qu'à des humains. Pour preuve une des figures emblématiques de ce bestiaire en robe de bure : le moine Salvatore (fantastique Ron Pelman), à la fois polyglotte et *stupido* puisqu'il ne parle pas vraiment une langue en entier. Et celui qui a perdu le langage n'appartient plus à l'humanité. Le labyrinthe qu'est la bibliothèque symbolise toutes les quêtes mais aussi la gymnastique en forme de thyrse qu'adopte le grand escalier qu'est l'esprit du philosophe Eco. L'intrigue se dénoue grâce au savoir de Guillaume de Baskerville. La connaissance est alors un outil très concret, qui permet de surmonter les obstacles et révèle le point de vue d'Annaud qui préfère la connaissance encyclopédique à toute posture intellectuelle. Palpitante fresque, *Le Nom de la rose* tient aussi son succès de son casting haut en couleur. Sean Connery est admirable, et le duo avec le jeune

Christian Slater fonctionne parfaitement. Quant à F. Murray Abraham dans le rôle du grand inquisiteur, il produit la même impression sur le spectateur qu'un courant d'air glacé.

Après deux premiers films qui ne marchèrent que moyennement – bien que le premier ait eu les faveurs de l'Académie des oscars –, Jean-Jacques Annaud conquiert le grand public ainsi que les professionnels avec *La Guerre du feu*. Il n'aura alors de cesse d'élargir la visibilité de ses films au plan international, et pour cela de s'entourer de partenaires et de financiers étrangers, devenant petit à petit un cinéaste « mondial » comme le dit non sans ironie ce césar du meilleur film étranger pour *Le Nom de la rose* en 1987. Il est devenu capitaine d'industrie cinématographique. Superproduction de 20 millions de dollars qui en rapportera près de 80, association de producteurs européens réunissant des acteurs, des producteurs, des techniciens de nationalités différentes de pays différents, *Le Nom de la rose* occupera pendant cinq ans son metteur en scène, déterminé à réussir tout ce qu'il entreprend : « Plus les projets sont ambitieux, plus ils sont raisonnables », dit-il. Raisonnant désormais en termes de marché, il préfère se battre pour réunir des millions afin que son film soit vu dans le monde entier plutôt que prendre une modeste somme à l'État et cantonner son film au territoire français sans être même sûr qu'il marche. Cette façon de travailler lui garantit alors sa liberté et s'accorde avec les thèmes qui habitent tous ses films : montrer le monde et l'universel, saluer les échanges et le métissage.

« La force d'Annaud, c'est sa marginalité. Il vit dans un monde de marges géographiques, de hautes montagnes à la Volga, de la brousse au loch écossais. Il n'a de ce fait pas trop de comptes à rendre au système honni, puisqu'il crée une demande de produit marginal : la trademark Annaud. *»*

Nicolas Bonnal.

FICHE TECHNIQUE

Film policier réalisé par Jean-Jacques Annaud, 2 h 10, couleurs.

Avec : Sean Connery (Guillaume de Baskerville), Christian Slater (Adso de Melk), Fred Murray Abraham (Bernardo Gui), Michael Lonsdale (l'abbé), Valentina Vargas (la villageoise), William Hickey (Umbertino de Casale), Feodor Chaliapine Jr. (Jorge de Burgos), Lucien Bodard (le cardinal Bertrand).

Scénario : Gérard Brach, Andrew Birkin, Howard Franklin, d'après *Le Nom de la rose* d'Umberto Eco.

Photo : Tonino delli Colli.

Décors : Dante Ferretti, Francesca LoSchiavo.

Costumes : Gabriella Pescucci.

Son : Milan Bor, Robert Hathaway.

Musique : James Horner.

Production : Bernd Eichinger (Neue Constantin Film), Franco Cristaldi (Cristaldifilm), Alexandre Mnouchkine (Les Films D'Ariane), France 3 Cinéma, ZDF.

« C'est sain, dynamique, avec juste ce qu'il faut d'humour
pour n'être pas moralisateur. On s'amuse, et le message
n'en est que plus efficace. »

Le Figaro, 20/04/1988.

Bagdad Café

« *OUT OF ROSENHEIM* »

1987, ALLEMAGNE

DANS UN DÉSERT, NON IRAKIEN

Film optimiste sur l'amitié de deux femmes seules.
Histoire drôle de la rencontre entre deux cultures,
Bagdad Café, *film à petit budget, toujours juste, pudique*
et sensible, rencontre un franc succès.

Un chant qui rompt le silence du désert, une complainte pour dire la solitude, le film commence par dire « I'm calling you » dans un climat d'aridité. Un couple de Bavarois en tenue folklorique se déchire sur le chemin qui mène à Las Vegas. Lui est exaspérant. Elle, est en train de craquer, et en quelques secondes, ça y'est, elle l'a quitté. Jasmin Münchgstettner prend la route à pied, traînant derrière elle sa valise à roulettes quand elle s'arrête devant le *Bagdad Café*, un peu miteux, qui fait motel et station essence. Tenu par Brenda, une femme noire sur les nerfs, l'endroit est un vrai capharnaüm, où l'on ne peut même pas faire de café et dans lequel vivent Salomo, le fils de Brenda, concentré sur Bach et son piano, Phyllis, sa fille, adolescente typique qui n'accorde d'importance qu'aux futilités, un serveur indien qui a la tête dans les nuages de fumée, un mari bon à rien qui l'a quittée mais qui continue de l'observer, Debby, une belle fille tatoueuse un peu étrange, Rudi Cox, un ancien peintre de décors de cinéma à Hollywood, et un campeur passionné de boomerang. Seule Brenda semble décidée à garder un lien avec la réalité mais on ne peut pas dire qu'elle donne

Après une dispute, un grossier Bavarois abandonne sa grosse femme, Jasmine, sur la route 66, en plein désert de Californie. Elle marche jusqu'au premier motel, tenu par la survoltée Brenda, qui vient de se faire plaquer par son mari.
Après quelques orages, les deux femmes deviendront amies et transforment le crasseux motel en lieu à succès. Mais pour cause de papiers, Jasmine doit rentrer en Allemagne, avant de revenir au *Bagdad Café*.

envie de se reconnecter. Jasmine arrive, à pied, tenue de loden, chapeau à plume, un drôle d'anglais. En découvrant des vêtements d'hommes dans sa chambre (ceux de son mari, elle s'est trompée de valise), Brenda prend peur et appelle le shérif. Jasmine est étrangère, exactement son contraire : la différence engendre la méfiance. Mais, en bonne Allemande ordonnée, Jasmine va se mettre à récurer le café et gagner difficilement la confiance de Brenda, au départ récalcitrant, comme il se doit. Un arc-en-ciel au milieu des teintes orangées du désert, un déclic dans la tête de Brenda qui ne voulait pas « être méchante ». Grâce à une boîte de jeu de magie, Jasmine met au point des tours qui séduisent la clientèle des routiers de passage. Maintenant, tout le monde est bien obligé de la regarder. Bach se met à swinguer et Brenda arrête de s'énerver affichant un sourire heureux. Jasmine devient un centre d'intérêt et pose plus que jamais pour son soupirant de peintre qui dit « J'aime ce mot, vision ». Tout va bien entre les deux femmes quand le shérif vient annoncer que le visa de Jasmine est expiré… avec son départ la magie s'est envolée, jusqu'à ce qu'elle revienne.

Marin Karmitz, en distribuant (en France) *Bagdad Café* dont le titre original est *Out of Rosenheim* a eu du flair. Cette comédie sensible et originale permit au grand public de faire la connaissance du réalisateur allemand Percy Adlon qui signe ici son troisième film, de découvrir la générosité de Marianne Sägerbrecht, objet de fascination pour un surprenant Jack Palance irrésistible en artiste baba cool. Les obliques plans entrechoqués du début annoncent la future rencontre entre une femme ronde et une femme carrée. L'hostilité du lieu s'estompe doucement grâce à une mise en scène gracieuse pour que finisse par jaillir du peu accueillant *Bagdad Café* une douceur exquise et un calme olympien.

Admirablement filmée si bien qu'elle en est lumineuse, Jasmine passe de la bourgeoise bavaroise presque ridicule à un personnage plein d'attentions et de sensibilité qui éclaire la vie de son alter ego Brenda. Les couleurs du désert changent à mesure que leur amitié se construit. *Bagdad Café* ne peut nous laisser indifférent, comme le son étrange du boomerang qui caresse l'air en mouvement.

C'est un film vibrant ! Tendez l'oreille pour mieux entendre ce qu'il nous chuchote doucement : la musique étrange qui naît de la rencontre entre l'Amérique et le vieux continent, entre Bach et l'harmonica, entre une magicienne et un peintre, entre une femme blanche et une femme noire… Et quand les opposés se marient on approche de l'harmonie. C'en est trop pour la tatoueuse qui met les voiles. Le charme opère, le film conquiert.

FICHE TECHNIQUE

Comédie dramatique réalisée par Percy Adlon, 1 h 31, couleurs.

Avec : Marianne Sägerbrecht (Jasmine), CCH Poounder (Brenda), Christine Kaufmann (Debby), Monica Calhoun (Phyllis), Darron Flagg (Sal Jr), George Aquilar (Cahuenga), G. Smokey Campbell (Sal), Hans Stadlbauer (Münchgstettner).

Scénario : Percy et Eleonore Adlon, Christopher Donerty.

Photo : Bernd Heinl.

Décors : Bernadette DiSanto.

Costumes : Regine Bätz, Elizabeth Warner.

Son : Manfred Arbter, Heiko Hindkerks, Martin Peglau.

Musique : Bob Telson, Johann Sebastien Bach.

Montage : Norbert Hezner.

Production : Eleonore Adlon, Percy Adlon, Dietrich von Watzdorf (Pelemele Film Gmbh).

« *Une œuvre ambitieuse, surprenante, qui, avec les moyens de l'épopée, raconte une quête de la plénitude loin des entraves terrestres, des bruits et des fgureurs de la vie humaine ordinaire.* »

Le Point, 23/05/1988.

Le Grand Bleu

1988, FRANCE

IL FALLAIT UN JOUR FAIRE UN GRAND FILM SUR LA MER

Sorti en mai 1988, Le Grand Bleu *provoque un véritable raz de marée dans les salles de cinéma. Pus de 10 millions de spectateurs vont voir et revoir le film, encourageant la sortie d'une version longue l'année suivante et permettant à la bande originale d'Eric Serra (césar de la meilleure musique) de se vendre à 2,7 millions d'exemplaires. Le troisième film de Luc Besson devient instantanément un film culte.*

Projeté en ouverture du Festival de Cannes 1988, *Le Grand Bleu* est radicalement éreinté par la presse qui trouve le film bête et insuffisant. À l'inverse, le public va petit à petit l'adopter par millions. Le divorce entre la critique (bégueule) et les spectateurs (pour beaucoup adolescents) est là violent, pour la plus grande satisfaction de Luc Besson qui a mûri cette histoire pendant dix ans, mis neuf mois à la mettre en images, et une genèse à rebondissements dont les épisodes, peu connus, laissent entrevoir la solidité et la hargne du réalisateur-producteur connu depuis dans le monde entier.

Envoûtant, sensuel, mystérieux, naïf, écolo, original, contemplatif, lisse, bleu, rouge, noir, romantique… *Le Grand Bleu* est né dans l'esprit de Luc Besson alors qu'il avait dix-sept ans. Fou de plongée depuis sa plus tendre enfance, un accident l'été du bac l'empêche d'arpenter le fond des mers muni de bouteilles. Son avenir de plongeur brisé, il troque un rêve contre un autre et décide de faire du cinéma. « Il faudra un jour faire un film sur la mer », se dit-il. Il s'intéresse alors à la plongée en apnée (qu'il peut pratiquer) et à Jacques Mayol qui vient de battre

Année 1965. Sur une île des Cyclades, Jacques et Enzo luttent pour être le meilleur plongeur en apnée. Le père de Jacques se noie sous ses yeux. Vingt ans plus tard, devenus plongeurs professionnels, les deux amis sont amenés à s'affronter. Johana, qui a rencontré Jacques au Pérou, parvient à le retrouver en Grèce. Amoureux, ils décident de vivre ensemble. Lors d'une compétition, Enzo, qui tente de battre Jacques, trouve la mort. Jacques, malgré l'amour, trop terrestre, de Johana, ne résistera pas à l'appel des profondeurs marines.

LUC BESSON

1959 : naissance à Paris de Luc Besson. Ses parents sont professeurs de plongée et, avec eux, il voyage dans les mers du monde entier.
1982 : *Le Dernier Combat.*
1985 : *Subway.*
1990 : *Nikita.*
1991 : *Atlantis.*
1994 : *Léon.*
1997 : *Le Cinquième Élément.*
1999 : *Jeanne d'Arc.*

le mur des 100 mètres et qu'il rencontre en 1984. À l'issue du tournage du *Dernier Combat,* un voyage en Grèce sur le lieu de ses vacances de jeunesse fonde les premiers piliers de son histoire : « La Grèce, mère des mythologies, en sera le lieu principal. Les personnages y naîtront et reviendront pour y mourir. Le décor de la tragédie est planté », se souvient Luc Besson. Pendant le tournage de *Subway*, il est contacté par Warren Beatty. Besson lui parle de son projet. Enthousiaste, le comédien-producteur lui donne une avance pour l'écriture d'un scénario. Besson travaille alors avec une scénariste américaine. Ensemble, ils écriront trois versions du script. En même temps, il faut faire avancer la technique. En effet, filmer en Scope sous l'eau (ce qui n'a jamais été fait) exige l'invention à la fois de caissons pour protéger les caméras ainsi que celle d'objectifs pour corriger la diffraction, la colorimétrie et même la salinité, forcément modifiés par le milieu. Mais, pour cela, il faut de l'argent. Financer des recherches est prématuré pour Beatty, qui est de plus en plus difficile à joindre. De son côté, Besson n'a plus un sou. La distance du producteur alarme le réalisateur : « Je ne suis pas prêt à faire le gros film américain qu'il aimerait produire. C'est beaucoup trop tôt. J'ai vu défiler chez Warren des metteurs en scène de renom qui se roulaient par terre depuis des années dans l'espoir que Warren Beatty produise leur film. » Il décide donc de quitter Beatty. La Gaumont reprend le projet, toujours d'envergure internationale. Bizarrement, Besson reçoit deux fois de suite un important chèque de la Century Fox, qu'il renvoie systématiquement, pensant à une erreur. Mais son nouveau producteur fait son enquête et découvre avec horreur que les droits du film ont été vendus au célèbre studio américain à l'insu de tous (Besson n'avait jamais rien signé), à une époque où aucun scénario n'existait encore… Warren aurait parlé du *Grand Bleu* à la Fox, et il y aurait eu accord entre eux : Warren produirait, la Fox financerait. Les droits lui auraient été cédés sous forme d'un simple télex en juillet 1985 par l'agent d'Isabelle Adjani (actrice dans *Subway*) en échange de l'augmentation du cachet de la comédienne pour le film *Ishtar* que projetait de faire Beatty avec elle. Pendant des mois, les avocats de la Gaumont vont batailler ferme pendant que Beatty fixe à 500 000 dollars la revente du film que Besson n'a jamais vendu à personne. Ce n'est que quarante-huit heures avant le début du tournage que l'affaire se dénoue : l'avocat de Beatty omet de se présenter pour la deuxième fois, ce qui équivaut à refuser le dialogue, et est considéré comme une faute professionnelle. L'avocat français attaque donc l'avocat américain et le « deal » devient plus facile pour les Français. Vingt-quatre heures plus tard, les droits seront récupérés. Besson pleure de joie.

Mais, pendant ce combat juridique, on continue quand même à faire avancer le projet. Tous les rôles ont trouvé leur interprète à l'exception de Jacques. Mickey Rourke aimerait l'incarner, mais, pour Besson, « Mickey est un "terrien", fumeur, buveur, amateur de la nuit », et le film demande des mois d'entraînement soutenu. C'est alors dur de dire « non » à Monsieur *Rumble Fish* (titre original de *Rusty James*). Gérard Lanvin est enthousiaste, mais, après réflexion, il refuse : « ça me fait peur », avoue-t-il. Pendant ce temps, le scénario, qui a subi de nombreux changements, reste toujours fragile. Besson accepte alors une consultation de Francis Veber (*L'Emmerdeur*, *La Chèvre*, *Les Compères…*) : « Veber allait secouer mon script comme un prunier ; tout ce qui tomberait serait, forcément, ou mauvais ou mal ficelé ou pas nécessaire. » Les deux hommes travaillent ensemble pendant quinze jours, mais toujours pas de Jacques à l'horizon. Besson écume pourtant les castings depuis des mois, en France, aux États-Unis, en Italie. Par ailleurs, peu d'évolution sur le plan technique, et, pour couronner le tout, Jean Reno disparaît de la circulation : personne ne sait où il est. Pris de panique face au rôle important qu'il va devoir jouer, en anglais de surcroît, il a pris la tangente…

Le premier jour de tournage est fixé au 18 mai 1987. Face à l'absence de comédien pour le rôle principal, Nicolas Seydoux, le patron de la Gaumont, propose à Besson de jouer le rôle : « Nicolas ne blague pas, et l'idée qu'il est prêt à mettre 80 millions de francs pour voir pendant deux heures ma tronche sur un écran me trouble énormément. » Fort heureusement, Besson, qui se rend sans conviction à un ultime casting à Londres, découvre enfin sa « perle marine », Jean-Marc Barr. Le rêve peut alors prendre une forme réelle. Après des semaines d'entraînement, le tournage commence enfin : neuf mois entre la Sicile, Paris, les îles Vierges, la Grèce, Le Lavandou, Calvi, le Pérou, Tignes, la mer du Nord, les Maldives, New York…

FICHE TECHNIQUE
Drame réalisé par Luc Besson, 2 h 20 (version longue : 3 h 15), couleurs (séquences initiales en noir et blanc).
Avec : Rosanna Arquette (Johana Becker), Jean-Marc Barr (Jacques Mayol), Jean Reno (Enzo Molinari), Paul Shenar (Dr Laurence), Jean Bouise (l'oncle Louis), Sergio Castellito (Novelli), Marc Duret (Roberto), Griffin Dunne (Dunny), Andreas Boutsinas (le pope), Valentina Vargas (Bonita), Kimberley Beck (Sally), Patrick Fontana (Alfredo).
Scénario : Luc Besson, Robert Garland, Marilyn Goldin, Jacques Mayol, Marc Perrier.
Photo : Carlo Varini.
Décors : Dan Weil.
Costumes : Magali Guidasci.
Son : Paul Bevfe, Pierre Excoffier, Patrice Grisolet, Gérard Lamps.
Musique : Éric Serra.
Montage : Olivier Mauffroy.
Production : Patrice Ledoux (Gaumont).

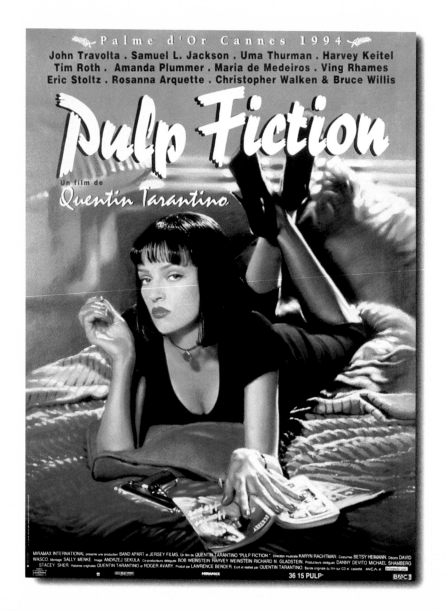

« Pulp Fiction *est un chaud-froid de carnage et de rire.*
Il consacre Quentin Tarantino pape de la nouvelle école
américaine de l'ultra-violence et de la dérision. »

Le Point, 22/10/1994.

Pulp Fiction

1994, ÉTATS-UNIS

TROIS FILMS EN UN

Après avoir créé la surprise avec Reservoir Dogs *(1992),*
Quentin Tarantino réalise Pulp Fiction,
une véritable anthologie des films et des romans noirs
qui va déchaîner les passions à Cannes. Succès mondial,
le film impose Tarantino comme l'un des plus grands
cinéastes de son époque.

Humour douteux, exceptionnelle violence, esprit farceur, sens du macabre et goût prononcé pour les giclées de sang dans *Pulp Fiction*. Tarantino revisite avec audace le genre policier et fabrique une comédie au souffle sauvage en accommodant avec grand art le vieux pour en faire du neuf. Écolo du cinéma ? Tarantino recycle un genre ancien pour créer un style inédit. D'abord « matière molle, pâteuse et informe », le mot *pulp* désigne aussi un « feuilleton ou roman grand-guignolesque imprimé sur du papier de mauvaise qualité », papier qui fut lui-même avant transformation une « matière molle, pâteuse et informe »… Fin du début, début de la fin ? Le scénario de *Pulp Fiction*, composé de trois histoires qui s'enchevêtrent, finit là où il a commencé. Inspirée d'un classique du cinéma fantastique, *Les Trois Visages de la peur* de Mario Bava avec Boris Karloff, la construction du script fait circuler des personnages d'une histoire à l'autre sans qu'il y ait de véritables liens entre elles : « Le héros d'un épisode deviendrait dans le suivant un personnage secondaire, explique Tarantino. Ce serait comme de faire trois films en un. » Triptyque au goût du jour et hommage aux nouvelles

Trois histoires de gangsters et de malfrats (« Vincent Vega et la femme de Marcellus », « La Montre en or », « L'Affaire Bonnie ») qui se recoupent, encadrées au début et à la fin par le déroulement d'un hold-up dans une cafétéria.

QUENTIN TARANTINO

1963 : naissance à Knoxville, Tennessee, de Quentin Tarantino. Sa mère, Connie, a alors entre quinze et seize ans, et son père, Tony, comédien, vingt et un ans.

1970 : on découvre à l'école que Quentin est un surdoué : son QI est de 160 ou plus. Il passe des heures à regarder la télévision, et le cinéma devient sa préoccupation principale.

1978 : fréquente l'atelier théâtral de Torrance où il joue *Roméo et Juliette* et *Hamlet*. Travaille comme caissier dans un cinéma X pour se faire de l'argent de poche et décide de suivre les cours de comédie de l'acteur James Best (*Verboten*, *Shock Corridor*…).

1982 : travaille au désormais mythique vidéo-club « *Video Archives* » à Los Angeles et y élabore des programmes thématiques.

1988 : fait de la prison pour dettes (contraventions).

1989 : écrit le scénario d'*Une nuit en enfer*, réalisé par Robert Rodriguez.

1992 : rencontre Harvey Keitel qui l'aide à trouver les fonds pour réaliser son scénario *Reservoir Dogs*.

1993 : Tarantino vend son scénario *True Romance* à Samuel Hadida et Tony Scott qui le réalise.

1994 : Oliver Stone réalise son scénario *Natural Born Killers*.

1997 : *Jackie Brown*.

2003 : *Kill Bill*.

policières d'autrefois, le film fonctionne aussi comme une anthologie des films de gangsters. Pour Tarantino, *Pulp Fiction* exploite des situations familières hyperclassiques comme un boxeur qui était supposé se coucher se rebelle ; un gangster qui est chargé d'escorter la femme de son patron à une soirée, etc. Quant à la troisième histoire, "L'Affaire Bonnie", son montage parallèle est un clin d'œil prégénérique aux films d'action à gros budget. Je me suis efforcé d'entrecroiser ces intrigues de manière qu'elles convergent à la fin. Les personnages forment une communauté. Je leur voue une égale affection, et j'aime l'idée que chacun d'entre eux pourrait être la vedette de son propre film ». Cinéphile et cinéphage depuis son plus jeune âge, Tarantino a l'ambition de tout voir et, du coup, visionne un très grand nombre de séries B et Z. Côté littérature, il lit des tonnes de romans policiers, David Goodis, Elmore Leonard, Jim Thompson… qui avaient débuté comme auteurs *pulp* dans les années 1930-1940 dans les mensuels *Black Mask*, *Detective* ou *Ecstasy*. Inspiré par ces histoires policières parfois sanglantes, Tarantino se met à écrire des nouvelles du même goût, qu'il convertira pour la plupart en scénarios.

Il faut un an à Tarantino pour écrire *Pulp Fiction*, son deuxième film comme réalisateur et son cinquième scénario, qu'il qualifie de « western-spaghetti revu et corrigé façon rock'n roll ». L'épisode « La Montre en or » est l'adaptation d'une nouvelle de son ami Roger Avary dont il a acquis les droits pour 27 000 dollars. C'est grâce au soutien de Dany De Vito (qui est le producteur exécutif du film) et de Harvey Keitel que Tarantino parvient à échafauder le casting de ses rêves. « Mon problème, c'est qu'il y a énormément de bons acteurs avec qui j'aimerais travailler, remarque-t-il. Je ne pense pas avoir le temps de travailler avec tous. J'essaie donc d'en placer le maximum dans chaque film, le casting étant à mes yeux une étape cruciale. » Contre l'avis de son entourage qui crie au fou, il va même jusqu'à aller chercher un acteur-danseur en perte de vitesse, John Travolta. « John est un de mes acteurs favoris, affirme-t-il. Il était remarquable dans *La Fièvre du samedi soir*, *Urban Cowboy*, et je considère sa création dans *Blow out* comme l'une des meilleures de l'histoire du cinéma. Je suis triste de voir la façon dont on l'a utilisé ces dernières années. John avait besoin de tourner avec un réalisateur qui le prenne au sérieux et lui apporte l'estime dont il a besoin. J'avais envie de travailler avec

FICHE TECHNIQUE
Film de gangsters réalisé par
Quentin Tarantino, 2 h 29,
couleurs.
Avec : John Travolta (Vincent
Vega), Bruce Willis (Butch),
Samuel L. Jackson (Jules),
Uma Thurman (Mia), Maria
de Medeiros (Fabienne),
Rosanna Arquette (Jody),
Tim Roth (Pumpkin/Ringo),
Amanda Plummer (Honey
Bunny/Yolanda), Eric Stolz
(Lance), Steve Buscemi (Buddy
Holly), Christopher Walken
(capitaine Kooms), Harvey Keitel
(Winston).
Scénario : Quentin Tarantino,
d'après Roger Avary (pour
« La montre en or »).
Photo : Andrzej Sekula.
Son : Rick Ash, David Barlett,
Ezra Dweck.
Décors : Sandy Reynolds-Waso,
Charles Collum.
Costumes : Betsy Heimann.
Musique : Karyn Rachtman-
Kool and the Gang, Al Green,
The Tornadoes, Ricky Nelson,
Dusty Springfield,
The Centurians, Chuck Berry,
Urge Overhill, Maria McKee,
The Revels, The Startler
Brothers, The Lively Ones.
Montage : Sally Menke.
Production : Lawrence Bender,
Dany De Vito/A Band Apart-
Jersey Films-Miramax Films.

lui. Je lui ai fait lire le script auquel il a réagi de façon très encourageante, et tout s'est admirablement passé entre nous. » En écrivant le rôle de Vincent Vega, en laissant Travolta maître de son interprétation et de sa transformation (7 kilos en plus, boucle d'oreille, perruque de cheveux longs et gras), Tarantino est à l'origine de la résurrection d'une légende qu'il s'amuse davantage à faire renaître qu'à « recycler ». La scène de twist dans le restaurant rétro – qui est depuis devenue mythique – est un immense clin d'œil à *La Fièvre du samedi soir*, mais, contrairement aux sosies qui y sont employés et à l'atmosphère générale qui rappelle « un musée de statues de cire » selon Mia (Uma Thurman), Vincent est un vrai nouveau personnage qui arrive paradoxalement à faire oublier l'acteur qui l'incarne. Pour préparer John et Uma à cette scène de danse, Tarantino leur montra la scène de danse de *Bande à part* de Jean-Luc Godard. Il voulait obtenir le même résultat : des amateurs qui s'amusent en dansant sans aucun caractère élaboré. Le comble ! Plutôt que de parler de come-back ou de renaissance à son propre sujet, Travolta préféra déclarer que *Pulp Fiction* l'avait en fait réinventé.

Avec un budget d'uniquement 8 millions de dollars, *Pulp Fiction* fait un tabac à sa sortie le 26 octobre 1994, atteignant les 107 millions de dollars de bénéfice. C'est la première fois qu'une palme d'or cannoise franchit les 100 millions de dollars.

*« Je suis en train de tourner le meilleur film de ma carrière,
ou le pire ! Car je n'ai jamais vu un acteur filmé dans
les toilettes, surtout quand il est censé être une star ! »*

John Travolta.

« *Une comédie sentimentale tout en virtuosité de scénario
et en bonheurs d'acteurs.* »

Le Monde, 28/04/1998.

MIKE NEWELL

Quatre Mariages
et un enterrement

« *FOUR WEDDINGS AND A FUNERAL* »
1994, GRANDE-BRETAGNE

NOTRE MONDE, SIMPLE ET PROSAÏQUE

Le succès de Quatre Mariages et un enterrement *en 1994
surprend tout le monde. Sa simplicité et son efficacité
en font un film charmant et irrésistible. Hugh Grant devient
une star mondiale en même temps que l'icône masculine
de la comédie romantique. Le film rouvre la vanne
du genre.* Just delicious !

« **F**uck ! fuck ! fuck ! fuck !... ». Première scène du film, le mot est lancé : *Quatre Mariages et un enterrement* parle... d'amour, bien sûr, et non sans humour, évidemment. Charles, Hugh Grant est charmant, aussi maladroit que spirituel, aussi chevaleresque que juvénile, aussi sexy que touchant. Bien qu'il soit depuis longtemps en âge de se marier, Charles a préféré user son temps à multiplier les conquêtes sans rien vivre sérieusement. Il n'en est pas pour autant un charmeur flétri ou un séducteur sur le retour. C'est la perspective d'un tel avenir, pathétique, qui nous le rend attachant mais, pour l'instant, à trente-deux ans, Charles, même s'il est toujours en retard, est en fait juste à point. Finis, donc, les héros virils et intrépides, les ambitieux et les conquérants, fini les princes charmants aux carapaces d'acier et aux châteaux en Espagne. Les spectatrices battantes et émancipées des années 1990 les préfèrent juste au bord du gouffre, encore sentimentaux et prérésignés. Plus qu'un personnage complet, Charles est l'homme qui endosse le modeste habit de cette nouvelle figure masculine, expérimentée en même temps que vulnérable.

Charles, la trentaine, voit tout le monde se marier autour de lui. À l'un des mariages dont il est le témoin, il rencontre une belle Américaine, Carrie, avec qui il passe la nuit. Il pense ne plus jamais la revoir quand, un mariage plus tard, il la retrouve, mais elle est fiancée à Hamish. Il lui dit qu'il l'aime, mais trop tard, c'est au tour de Carrie de se marier. À son mariage, Gareth meurt d'un infarctus. Peu après l'enterrement de son ami, Charles décide de se ranger en épousant Henrietta qui ne demande que ça. Mais, le jour J, Carrie est là, séparée de Hamish. Charles avoue alors devant l'autel aimer une autre femme que sa future épouse.

FICHE TECHNIQUE
Comédie romantique réalisée par Mike Newell, 1 h 57, couleurs.
Avec : Hugh Grant (Charles), Andie Mac Dowell (Carrie), James Fleet (Tom), Simon Callow (Gareth), John Hannah (Matthew), Kristin Scott Thomas (Fiona), David Bower (David), Charlotte Coleman (Scarlett), Corin Redgrave (Hamish), Anna Chancellor (Henrietta).
Scénario : Richard Curtis.
Photo : Michael Coulter.
Décors : Maggie Gray.
Costumes : Lindy Hemming.
Musique : Richard Rodney Benett.
Montage : Jon Gregory.
Production : Duncan Kenworthy/Tim Bevan-Working Title.

On ne sait presque rien de Charles (famille, métier, histoire, situation financière ?...) et pourtant, ô Dieu qu'il fait rêver ! Extrêmement économique, le scénario de *Quatre Mariages et un enterrement* ne dit jamais plus que ce qu'il est utile de savoir, à l'image de son titre. Il est d'ailleurs rare que Charles parle pour lui : son frère David, sourd et muet, prend la « parole » à sa place en annonçant à l'assemblée que Charles n'est pas amoureux de la femme qu'il est sur le point d'épouser ; les conquêtes de Charles se retrouvent réunies à sa table et se remémorent des anecdotes qu'il a racontées sur ses « ex », découvrant les unes après les autres qu'il s'agit de chacune d'entre elles, révélant le manque de respect et de discrétion insoupçonné de notre héros : Charles est à ce moment misérable ; après l'enterrement de Gareth, Tom nous apprend que Charles croit au coup de foudre ; Henrietta, ex-petite amie et future non-épousée, lui dit : « Tout le monde est d'accord, tu es en train de devenir un espèce de monogame en série » ; « Pourquoi suis-je invité à tous ces mariages sans que ce ne soit jamais mon tour ? », dit enfin Charles, déprimé, à Matthew. C'est à peu près tout. Charles est donc un romantique qui a chanté tout l'été « Un jour mon tour viendra » et qui se demande si ce tour est passé. Ce n'est pas plus compliqué et c'est ce qui nous plaît. Avec lui, on attend le miracle.

Variation à l'anglaise sur le thème du grand amour, *Quatre Mariages et un enterrement,* au récit léger, simple et efficace joue avec les ingrédients de ses aînés. Sentiment de prédilection du cinéma mondial, et notamment hollywoodien, l'amour ne cesse de nous passionner et de nous intriguer : le processus de projection-identification y est à son plus haut degré.

Combien de regards enflammés, combien de baisers échangés, combien de frissons provoqués, combien de couples en extase ?... dont le bonheur au cinéma ainsi que la félicité doivent, pour exister, relever du miracle ? Si Gareth, pour se moquer des danseurs écossais, cite *Brigadoon*, ce n'est pas un hasard. Après avoir formulé son regret de ne voir aucun de ses amis encore marié, et avant de disparaître à jamais, il fait indirectement résonner les mots de l'instituteur dans le film de Minnelli : « Si vous aimez quelqu'un profondément, tout est possible, même les miracles. » Continuons donc à espérer. Contrairement à un grand nombre de films américains, ici, il n'est pas question de parler d'un amour transcendant, possible au-delà de l'espace et de la mort (*Peter Ibbetson*, *Le Fantôme de*

Mrs. Muir). L'amour n'y est pas non plus dépeint comme la panacée qui permet d'occulter une réalité (*Le Temps d'aimer et le temps de mourir, Love Story*), bien au contraire. *Quatre Mariages et un enterrement* pose juste la question de savoir si l'amour est encore possible pour Charles, s'il n'est pas trop tard et s'il a eu raison d'y croire. Aucun monde n'étant dépeint dans le film (toutes les scènes, à part celles de la boutique d'antiquités et de la déclaration, se déroulent juste avant, pendant, ou juste après les différents mariages ou enterrement, comme hors du temps, rien en hors-champ), on comprend qu'il s'agit de notre monde sans rien de bien plus particulier et dans tout ce qu'il a aussi de plus simple et prosaïque. Aussi vite le coup de foudre a-t-il pointé son nez (*West Side Story*) qu'il se transforme en amour perdu (*L'Odyssée du docteur Wassel, Rien n'est trop beau, Le Pont de Cassandra*), et Charles est dévasté. Miracle, où es-tu ? Si la tradition veut que le mariage soit une institution toujours considérée comme sacrée (*Le Père de la mariée, Scaramouche, Qu'elle était verte ma vallée*), *Quatre Mariages...* prend le contre-pied de cette idée. Tout d'abord, parce que l'amour entre Carrie et Charles est très vite consommé, puis parce que c'est le mariage de Carrie avec Hamish qui ruine l'avenir « amoureux » de Charles. De plus, les peintures des deux premiers mariages s'attachent à tourner chacun des actes du rituel en dérision. Et heureusement que le mariage de Carrie a complètement raté pour que Charles puisse recommencer à croire au miracle !... laissant une mariée de conte de fées sur le carreau. Enfin, la promesse finale des deux amants ne manque pas de malice : « Est-ce que ne jamais m'épouser est quelque chose que tu peux envisager pour le reste de ta vie ? »... Et ils eurent au moins un enfant.

MIKE NEWELL
1942 : naissance de Mike Newell à Saint-Albans, Angleterre.
1979 : après avoir travaillé comme réalisateur à la télévision anglaise, il réalise *La Malédiction des rois*, premier long-métrage.
1985 : *Dance with a Stranger*.
1991 : *Avril enchanté*.
1996 : *Donnie Brasco*.

HUGH GRANT
1960 : naissance à Londres d'une mère institutrice et d'un père vendeur de tapis.
1982 : diplômé d'Oxford, il joue dans *Privileged* de Michael Hoffman.
1987 : remarqué pour son rôle dans *Maurice* de James Ivory.
1988 : *La Nuit bengali* de Nicolas Klotz.
1991 : *Impromptu* de James Lapine.
1992 : *Lune de fiel* de Roman Polanski.
1993 : *Les Vestiges d'un jour* de James Ivory.
1995 : *L'Anglais qui gravit une colline et redescendit une montagne* de Christopher Monger ; *Raison et Sentiment* d'Ang Lee.
1999 : *Coup de foudre à Notting Hill* de Roger Mitchell ; *Mickey les yeux bleus* de Kelly Makin.
2000 : Escroc mais pas trop de Woody Allen.
2001 : *Le Journal de Bridget Jones* de Sharon Maguire.
2002 : *Pour un garçon* de Chris et Paul Weitz.
2003 : *L'Amour sans préavis* de Marc Lawrence.

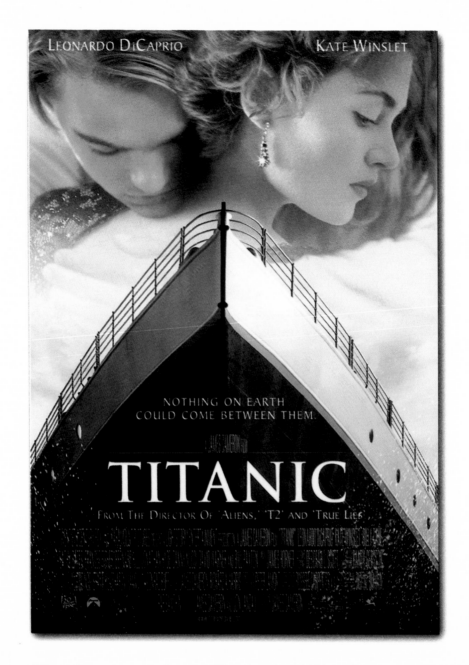

« Titanic *est un long film qui reflète l'opiniâtreté
d'un cinéaste maîtrisant parfaitement son art.* »

L'Express, 01/01/1998.

JAMES CAMERON

Titanic
1997, ÉTATS-UNIS

L'AFFAIRE DU SIÈCLE

Film le plus cher de toute l'histoire du cinéma, Titanic
est aussi le plus gros succès de tous les temps.
Palpitante histoire d'amour inventée, mêlée au récit vrai
et tragique du naufrage du célèbre paquebot anglais,
c'est avec perfection que le film marie fiction et réalité,
faisant chavirer le cœur des spectateurs du monde entier.

Il aura fallu à James Cameron le budget le plus élevé de l'histoire du cinéma (200 millions de dollars !), cinq années de travail préparatoire, sept mois de tournage, cinq mois de postproduction pour que son film, cette « histoire aux passions intenses et aux dimensions épiques comme celle d'*Autant en emporte le vent* », dit-il, jaillisse en un succès phénoménal dont on souhaite qu'il connaisse la même longévité que la splendeur produite par Selznick.

« J'ai voulu faire un film qui rendrait la vie à l'événement et l'humaniserait ; moins une fiction documentaire que la conscience de l'histoire vivante. Je voulais placer le public à bord durant les dernières heures du navire, pour vivre la tragédie dans toute l'horrible fascination de sa grandeur », explique James Cameron. C'est cette reconstitution, mise en scène avec autant de talent, de luxe et d'obsession, qui donne aussi toute sa force et sa véracité à l'histoire d'amour, qui n'a pourtant pas existé.

Tout commence pendant l'été 1995. James Cameron, qui vécut une partie de son enfance dans la région des chutes du Niagara, est un passionné d'histoires d'eau, pour preuve sa liquide et aquatique filmographie. Accompagné de deux savants

Récit de la traversée inaugurale du célèbre paquebot *Titanic,* sur lequel deux jeunes gens, Rose, future épouse d'un très riche industriel, et Jack, artiste sans le sou, tombent amoureux l'un de l'autre. Leur idylle prend prématurément fin avec le naufrage du paquebot au large des côtes de Terre-Neuve après qu'il eut heurté un iceberg, entraînant la mort de 1 500 passagers le 15 avril 1912.

JAMES CAMERON

1947 : naissance à Kapuskasing, Ontario, Canada, de James Cameron. Son père est ingénieur.

1971 : part en Californie pour étudier la physique.

1978 : premier court-métrage, *Xenogenebis,* qui lui ouvre les portes de la New World Pictures, société de production de Roger Corman où il apprend beaucoup sur les effets spéciaux et les décors.

1981 : premier long-métrage comme auteur-réalisateur, *Piranha 2.*

1984 : *Terminator.*

1985 : participe à l'écriture du scénario de *Rambo 2,* réalisé par George Cosmatos.

1986 : *Aliens – Le Retour.*

1989 : *Abyss.*

1990 : *Terminator 2.*

1991 : il est producteur exécutif et coscénariste de *Point Break* de Katherin Bigelow.

1994 : *True Lies,* remake de *La Totale* de Claude Zidi. Est auteur du sujet original de *Strange Days,* réalisé par Katherin Bigelow.

2000 : crée la série télévisée *Dark Angels.*

russes, il explore, le temps de douze missions à bord du petit sous-marin *Mir 1,* le site de l'épave du *Titanic* qui gît à plus de 4 000 mètres de fond. Il filme alors ce qui n'a pas bougé depuis 1912. Un robot mis au point par son frère ira même explorer les entrailles du navire pour révéler lambris, peintures, sculptures, restes de meubles, cheminées, appliques. Les images des battants que pousse Rose en pensée dans le film proviennent de ces plongées, dont l'authenticité renforce l'atmosphère empreinte d'émotion. Il faudra ensuite l'association de deux grands studios hollywoodiens, la *Fox* et la *Paramount,* pour réunir l'argent nécessaire au budget du film. *La Paramount* a investi 65 millions de dollars, refusant de combler tout dépassement de budget (le coût du film fut d'abord prévu à 125 millions de dollars avant de connaître un énorme dépassement de près de 70 %) mais prenant en charge la distribution du film aux États-Unis, alors que la *Fox* a pris plus de risques ; elle possède en contrepartie les droits internationaux de l'œuvre. Il fallait cette alliance pour construire un studio spécialement pour le film, contenant un bassin de 500 mètres de long sur lequel flottait un *Titanic* presque grandeur nature (90 % de sa taille originale), méthode la plus économique. Cameron, manifestant un souci constant d'exactitude, de véracité et de reproduction à l'identique du moindre détail, nourrit sa fiction de documentaire : les valises, la vaisselle, les tenues, les bijoux (sauf le « Cœur de la mer », fil rouge de l'histoire inventé par le réalisateur pour faire voyager les spectateurs à travers les différentes époques)... sont de parfaites copies de ceux d'autrefois ; les comédiens – qui, à part Kate Winslett et Leonardo DiCaprio, jouent tous des personnages ayant existé – et les figurants ont pris des cours de maintien afin d'adopter le langage corporel de 1912 ; les canots de sauvetage ont eux-mêmes été fabriqués par la compagnie anglaise qui fit ceux du *Titanic.* Le moment de tourner les scènes de leur descente produisit de grandes angoisses, comme dans la réalité : « Les bossoirs paraissaient sur le point de craquer, nos gars avaient un mal fou à contrôler les cordes », se souvient Cameron. Quant aux effets spéciaux (30 des 200 millions de dollars du coût total du film), ils sont autant inédits qu'invisibles. Nés grâce à un logiciel secret de l'armée, ils permirent la fabrication de 550 images de synthèse (contre 80 dans *Jurassic Park,* par exemple) faites non pas pour être vues, mais pour montrer ce que le film traditionnel ne peut traduire et

FICHE TECHNIQUE
Mélodrame réalisé par James Cameron, 3 h 20, couleurs.
Avec : Leonardo DiCaprio (Jack Dawson), Kate Winslet (Rose DeWitt Bukater), Billy Zane (Cal Hockley), Kathy Bates (Mrs. Margaret « Molly » Brown), Bill Paxton (Brock Lovett), Gloria Stuart (Rose âgée), Frances Fisher (Ruth DeWitt Bukater), Bernard Hill (capitaine Edward J. Smith), Jonathan Hyde (J. Bruce Ismay), David Warner (Spicer Lovejoy), Victor Garber (Thomas Andrews), Danny Nucci (Fabrizio De Rossi), Lewis Abernaty (Lewid Bodin), Suzy Amis (Lizzy Calvert), Nicholas Cascone (Bobby Buell).
Scénario : James Cameron.
Photo : Russel Carpenter.
Costumes : Deborah Lynn Scott.
Son : Christopher Boyes, Tom Bellfort, Shannon Mills, Mark Ulano.
Effets spéciaux : Scott R. Fisher, Donald Pennington.
Musique : Irving Berlin, Fred Fisher, James Horner.
Montage : Conrad Buff IV, James Cameron, Richard A. Havris.
Production : James Cameron, John Landau (20th Century Fox), Pamela Easley (Paramount), Lightstorm Entertainment.

servir avec la plus grande exactitude, à savoir la destruction de petits objets au moment du naufrage : comment le bois se fend, comment le métal éclate, comment le verre explose… Le principe de la restitution documentaire comme ferment de la fiction est annoncé dès le début du film : c'est par l'histoire contemporaine – permettant d'opérer un extraordinaire voyage dans le temps grâce au récit de Rose âgée – que le film prend sa source, et c'est par les images des débris du paquebot que tout le destin du *Titanic* prend son sens. *Titanic* montre avec une quasi-vérité le naufrage tel qu'il a eu lieu dans ses moindres détails et dans un temps presque réel, remplissant la fonction de film documentaire, qui n'existe évidemment pas. Mais c'est aussi la fiction, l'histoire d'amour entre Jack et Rose, qui joue le rôle de révélateur de la catastrophe, car elle permet au spectateur d'avoir une compréhension émotionnelle du drame. Il est alors le témoin d'une passion absolue et impossible sur un navire, représentation symbolique de l'humanité rangée en classes.

Fixé à 400 millions de dollars, le seuil de rentabilité de *Titanic* fut largement dépassé puisqu'il fut le premier film de toute l'histoire du cinéma (et le seul à ce jour) à avoir franchi la barre du milliard de dollars de recette (1 234 600 dollars exactement), pulvérisant tous les records du box-office et se voyant décerné onze oscars.

« *Le rire, l'empathie affective permettent dans ce film d'évacuer, de noyer le traumatisme de l'Holocauste.* »

Le Nouvel Observateur, 15/10/1998.

ROBERTO BENIGNI

La vie est belle
« *LA VITA È BELLA* »
1998, ITALIE

L'AUTRE FAÇON DE RACONTER LA BARBARIE

Grand prix du jury à Cannes, trois oscars et sept nominations ! Aucun film étranger n'avait, avant La vie est belle *de Roberto Benigni, suscité autant d'engouement auprès de la fameuse Academy, séduite à la fois par l'audace du film et par la personnalité excentrique de son réalisateur.*

Avec *La vie est belle*, Roberto Benigni a réussi l'impossible : parler de l'innommable de façon non convenue, et sans que cela soit inconvenant, bien au contraire. Par là même, il parvient – en plus de bouleverser le public du monde entier – à montrer que l'on peut tout exprimer, même le pire, en comédie, réhabilitant le genre et prouvant qu'il n'y a pas une forme prédestinée à un sujet.

Dans l'histoire des Oscars, on se souviendra longtemps de la cérémonie précédant le passage à l'an 2000, célébrant les films sortis aux États-Unis en 1998. Sans cesse à l'écran, Roberto Benigni affiche une grande complicité avec Whoopi Goldberg qui présente alors le show, record entre tous de durée (4 h 02) grâce aux logorrhées de l'invité italien. On n'est pas près d'oublier les enjambées du clown en smoking, passant d'un rang à l'autre au-dessus des plus grandes stars pour atteindre la scène après que Sophia Loren eut prononcé son nom pour le prix du meilleur film. On rit encore de ses sorties embrouillées mais tellement expressives quand il dut revenir pour le prix du meilleur comédien : « This is a terrible mistake… I used all my english… how

Année 1938. Guido, jeune homme plein d'allant et poète, quitte la campagne pour la ville avec son ami Ferrucio, en quête du bonheur. Malgré les bâtons que l'administration fasciste lui met dans les roues, Guido veut ouvrir une librairie. Engagé en attendant comme serveur au Grand Hôtel, il tombe amoureux de Dora, une institutrice qu'il enlève le jour de ses noces avec un grincheux. Cinq ans plus tard, alors qu'ils sont devenus parents d'un petit Giosuè, les lois raciales sont entrées en vigueur en Italie et Guido et son fils sont déportés. Dora, par amour, monte de son plein gré dans le train qui les mène au camp où, dès leur arrivée, Guido fait tout pour sauver son fils du cauchemar.

FICHE TECHNIQUE
Tragi-comédie réalisée par
Robert Benigni, 2 h 05, couleurs.
Avec : Roberto Benigni (Guido),
Nicoletta Braschi (Dora),
Giorgio Cantarini (Giosuè),
Giustino Durano (l'oncle),
Sergio Bustric (Ferruccio),
Marisa Paredes (la mère
de Dora), Horst Bucholz
(Dr Lessing), Lydia Alfonsi
(Guicciardini), Liuliana Lojodice
(la directrice de l'école),
Amerigo Fontani (Rodolfo).
Scénario : Vincenzo Cerami,
Roberto Benigni.
Photo : Tonino Delli Colli.
Décors : Luigi Urbani.
Costumes : Danilo Donati.
Son : Benni Attria, Claudio
Chiossi, Tullio Morganti.
Montage : Simona Paggi.
Musique : Nicola Piovani.
Production : Elda Ferri
(Melampo Cinematografia),
Gianluigi Braschi (Cecchi
Gori Group).

can I express all my gratitude… My body is a tumult because everything is unexpressed. » (« C'est une terrible erreur… J'ai épuisé tout mon anglais… Comment puis-je maintenant exprimer ma gratitude… Mon corps est une vraie tempête car je ne peux rien exprimer. ») La récompense pour un acteur qui se dirige seul est très rare, et la précédente remontait à loin : Lawrence Olivier, en 1948, pour sa version cinématographique de *Hamlet*. Mais la plus belle victoire du film, c'est lui-même. Dans cette histoire d'un père qui essaie de sauver son fils de l'enfer d'un camp de concentration, Benigni nous dit que tout peut être raconté par la voie du conte merveilleux et de la fable, comme ce le fut depuis l'aube des temps.

Le film commence dans une atmosphère de conte de fées : Guido arrive en 1938 à Arezzo, où il veut ouvrir une librairie. Il fait la connaissance de sa « Principessa » qui lui tombe – au sens propre – dans les bras et qu'il enlève le jour de ses noces alors qu'elle est promise à un autre. Jusqu'ici, le film s'attachait à caractériser le héros dans une atmosphère nourrie de pitreries, mais dès que l'on aperçoit le cheval peint en vert recouvert d'insultes antisémites, le ton léger du récit s'obscurcit. La menace qui plane ne semble pas pour autant arrêter Dora et Guido dans le prolongement de leur bonheur puisqu'ils ont maintenant un petit garçon de cinq ans qui s'appelle Giosuè. Mais la fermeture de la librairie semble imminente, la ville est truffée de soldats et Guido est obligé de mentir à son fils qui, fier de savoir lire, s'attarde sur une inscription : « Interdit aux juifs et aux chiens. » « Tout le monde a aussi le droit de refuser l'entrée à des kangourous et à des Français, et demain matin le magasin sera interdit aux araignées et aux Wisigoths », arrive à inventer Guido. Le lendemain, jour de l'anniversaire de son fils, il est emmené avec lui dans un camp de concentration. Pour le protéger, il continue à lui mentir et lui fait croire qu'ils sont ici pour participer à un concours dont le gagnant pourra repartir sur un vrai char d'assaut. C'est en transformant la réalité que Guido arrive à donner la force nécessaire à son fils pour tenir, et finalement lui sauver la vie. *La vie est belle* dit donc que la vie n'est pas belle, mais que l'invention, l'imagination, la fiction peuvent la rendre plus belle. Le conte et la fable ont une fonction vitale, celle de permettre de fuir le cauchemar, l'autre moyen de se protéger de l'inimaginable étant de sombrer dans la folie comme c'est le cas pour le personnage du Dr Lessing, ami de Guido, qu'il retrouve dans le camp.

En Italie, *La vie est belle* connut un succès phénoménal, même si c'est aussi là qu'il reçut les plus sévères critiques. Ailleurs, la controverse fut aussi vive, car nombreux sont ceux qui pensent comme Elie Wiesel que « le silence est la seule réponse possible à l'holocauste », alors que d'autres, comme Dario Fo, dramaturge et prix Nobel de littérature, ont salué l'entreprise du réalisateur : « Selon moi, il y a quelque chose d'important [...] dans l'oscar que l'on a décerné à Benigni : les poètes, les artistes ne sont plus ceux qui voient loin, mais ceux qui ont les pieds sur terre, qui sont ancrés dans la réalité concrète, tragique. C'est la reconnaissance d'une caractérisation du comique dans le sens satirique et tragique du terme. »

ROBERTO BENIGNI

1952 : naissance à Misericordia, Toscane, de Roberto Benigni, d'un père cheminot qui fut déporté à Bergen-Belsen en 1943 et dont il reviendra en 1945.

1966 : est élève au séminaire pour devenir prêtre.

1969 : pratique le théâtre à Rome et monte ses premiers one-man-show.

1977 : joue dans *Berninguer ti voglio bene* de Giuseppe Bertolucci avec qui il a coécrit le scénario.

1979 : joue dans *Clair de femme* de Costa-Gavras, *Chiedo asilo* de Marco Ferreri, *La Luna* de Bernardo Bertolucci, *I Giorno cantati* de Paolo Pietrangeli.

1981 : joue dans *Il Minestrone* de Sergio Citti, *Il Pap'occhio* de Renzo Arbore.

1983 : premier film comme réalisateur, *Tu mi turbi*.

1985 : *Non ci resta chie piangere*, coréalisé avec Massimi Troissi.

1986 : joue dans *Down by Law* de Jim Jarmusch.

1988 : Réalise *Le Petit Diable*.

1989 : joue dans le dernier film de Federico Fellini, *La Vocce della luna*.

1991 : joue dans *Night on Earth* de Jim Jarmusch, réalise *Johnny Stecchino*.

1993 : joue dans *Le Fils de la panthère rose* de Blake Edwards.

1994 : réalise *Le Monstre*.

1999 : joue dans *Astérix et Obélix contre César* de Claude Zidi.

2003 : réalise *Pinocchio*.

« C'est magistral et drôle, essentiel et léger, humble
et ambitieux. C'est unique. »

Le Nouvel Observateur, 19/05/1999.

PEDRO ALMODÓVAR

Tout sur ma mère

« *TODO SOBRE MI MADRE* »

1999, ESPAGNE

LE THÉÂTRE DE LA VIE

Mélodrame pop, poignant et généreux, Tout sur ma mère
*aborde avec délicatesse le thème de la perte d'un enfant
en rendant hommage aux femmes, à toutes les femmes,
qui souffrent mais qui se donnent entièrement
à la vie. Avec ce film, Pedro Almodóvar, le plus célèbre
des cinéastes espagnols depuis Buñuel, reçoit
la palme d'or de la mise en scène à Cannes et l'oscar
du meilleur film étranger.*

« À Bette Davis, Gena Rowlands, Romy Schneider. À toutes les actrices qui ont interprété des actrices, à toutes les femmes qui jouent, aux hommes qui jouent et se transforment en femmes, à toutes les personnes qui veulent être mère. À ma mère. » Film dédicace comme le disent ces mots en générique de fin, *Tout sur ma mère* sort par hasard au moment où le cinéaste perd sa propre mère. Cette intention de rendre hommage à ceux et celles qui sont à la fois dans la générosité de l'enfantement et dans le don de soi offre un propos fluide sans que ne soient exclus la plupart des thèmes d'ordinaire chers à Almodóvar. Le foisonnement fait ici place à la cristallisation. En effet, littérature, écriture, spectacle et coulisses, femmes et actrices, mère et fils, homme-femme, univers des travestis, prostitution, mort… participent tous de l'histoire et ensemble la font compacte, sans doute la plus dense et la plus forte de toutes celles racontées auparavant par Pedro Almodóvar.

La beauté du propos tient au parallèle fait entre la création artistique et l'enfantement, sous-entendant que mettre au monde appartient au domaine du beau, voire du sacré, et, dans l'élévation,

Manuela travaille à Madrid pour une banque d'organes où elle forme des médecins à aborder le problème du don avec les familles en deuil. Elle élève seule son fils Estéban qu'elle voit mourir sous ses yeux, renversé par une voiture alors qu'il court derrière l'actrice Huma pour lui demander un autographe. Manuela part pour Barcelone pour retrouver le père de son enfant. Sur sa route, elle fait la connaissance d'Agrado qu'elle sauve d'un client violent, de l'actrice Huma dont elle devient l'assistante, de la religieuse Rosa qu'elle soigne chez elle, et retrouve Lola, son ex-mari.

FICHE TECHNIQUE
Mélodrame réalisé par Pedro Almodóvar, 1 h 40, couleurs.
Avec : Cecilia Roth (Manuela), Eloy Azorin (Esteban), Marisa Paredes (Huma Rojo), Penélope Cruz (sœur Rosa), Antonia San Juan (Agrado), Candela Pena (Nina), Rosa Maria Sarda (la mère de Rosa), Fernando Fernan Gomez (le père de Rosa), Toni Canto (Lola), Carlos Lozano (Mario).
Scénario : Pedro Almodóvar.
Photo : Affonso Beato.
Décors : Federico G. Cambero.
Costumes : Sabine Daigeler, Jose Maria De Cossio.
Son : José Antonio Bermudez, Luis Castro, Miguel Rejas.
Montage : José Salcedo.
Musique : Alberto Iglesias.
Production : Augustin Almodóvar (El Deseo), Claude Berri (Renn Production), France 2 Cinéma.

le petit « c » de « création » peut devenir majuscule. On reconnaît alors le metteur en scène comme un créateur présent et effacé à la fois. Dans la très belle et secrète relation entre Manuela et son fils, on voit ces différents liens qui les rassemblent opérer de façon très discrète. Estéban veut devenir écrivain et, pour son anniversaire, sa mère lui offre *Musique pour caméléons* de Truman Capote dont elle lui lit la préface avant qu'il ne s'endorme : « Quand Dieu vous gratifie d'un don, il vous gratifie aussi d'un fouet, et ce fouet est uniquement réservé à l'auto-flagellation. » Pouvoir créer est un don de Dieu, mettre au monde aussi, mais l'un et l'autre peuvent être source de souffrance. La volonté de citer ce passage faisait très tôt partie du projet, avant même l'écriture du scénario : « C'est un exemple pour dire que je suis entièrement dans le film, mes désirs, ma vision du monde, tout est là comme des anecdotes, mais comme une sensibilité », déclare le réalisateur qui donne un rôle actif à chacune de ses citations. Quand Estéban et sa mère regardent le film de Joseph Mankiewicz *All about Eve* (qui veut dire « tout sur Eve »), histoire d'une femme qui fait tout pour devenir une actrice, on comprend que le cinéaste s'inscrit dans une tradition à la fois thématique (récit d'une destinée féminine) et stylistique (Comment raconter une histoire ? sachant que *All about Eve* est connu pour sa narration extrêmement brillante). « Quand Estéban voit *All about Eve*, la scène des femmes en train de parler dans la loge, pour moi, c'est le fondement de toute l'histoire. Je n'ai pas écrit de phrase qui l'explicite mais, ce que pense alors Esteban, c'est que le fait qu'un groupe de femmes soit en train de discuter constitue la base de la fiction, l'origine de toutes les histoires. » Si c'est une découverte pour le personnage, c'est une certitude pour le cinéaste qui voyait sa mère lire à haute voix leur courrier à ses voisins analphabètes, inventant des histoires qui ne figuraient pas dans les lettres, uniquement afin de les voir repartir avec le sourire. *Tout sur ma mère* raconte alors la vie, faite d'allers-retours entre la fiction et la réalité, entre la scène et la ville… mais dans l'intention de suggérer les illusions faciles, car les personnages sont tôt ou tard confrontés à une vérité qui est dure : c'est sur scène qu'Agrado raconte combien il lui en a coûté d'être elle-même. « L'histoire balance sans arrêt entre des femmes qui jouent dans la vie ou qui jouent sur scène, mais qui finissent toujours par être confrontées à la réalité. Manuela et Esteban ont vu la scène de *All about Eve* où Eve Harrington, dans une loge, essaie désespérément de mentir pour s'introduire dans le monde du théâtre. Je refais une scène dans la loge, mais qui est très différente. Je transforme la loge en sanctuaire féminin, et au moment où notre Eve, Manuela, va raconter son histoire, elle raconte une histoire horrible, mais qui est vraie. Les histoires du cinéma ou du théâtre se répètent dans la vie, mais elles ne finissent jamais vraiment de la même façon. »

Esteban découvre que sa mère est une bonne actrice en la voyant simuler pour des médecins des scènes auxquelles ils pourraient être confrontés dans leur métier, ce qui nous renvoie à la mère d'Almodóvar que son propre fils regardait en pleine divagation devant un public qui ne se posait même pas la question de la véracité de ses propos. Mais le talent de Manuela a une histoire, et c'est à la fois celle, passée, d'Esteban et celle, à venir, de Manuela : autrefois, la jeune femme pratiquait le théâtre avec le père d'Esteban qu'il n'a jamais connu et dont elle part à la recherche depuis que ce dernier a disparu.

La pelote démêlée, on accède à une thématique constante et majeure chez le cinéaste : celle du lien.

« Être lié à l'autre, retrouver à deux une fusion à la fois amoureuse et amniotique […] c'est le cœur de la question que portent tous les personnages d'Almodóvar, dans l'insouciance, le plaisir et la douleur. »

Frédéric Strauss.

PEDRO ALMODÓVAR

1949 : naissance à Calzada de Catalatrava de Pedro Almodóvar Caballero. Il devient vite un enfant très doué et, à l'âge de neuf ans, donne des cours de soutien à des adolescents de son quartier et participe au commerce de lecture et d'écriture de lettres tenu par sa mère.

1968 : s'installe à Madrid et travaille pour la compagnie de téléphone espagnole alors que Franco vient de fermer l'école de cinéma.

1972 : commence à réaliser des courts-métrages en super-huit, fréquente le milieu underground avant de bientôt devenir une des figures emblématiques de la movida espagnole.

1974 : *Film politico, Dos putas, o historia de amor que termina en boda.*

1975 : *El Sueno, o la estrella, Homenaje, La Caida de Sodoma, Blancor.*

1976 : *Sea caritativo, Muerte en la caressera.*

1977 : *Sexo va, sexo viene.*

1978 : tourne un premier long-métrage en super-huit, *Folle… Folle… Folleme… Tim, Salomé.*

1980 : *Pepi, Luci, Bom et les autres filles du quartier.*

1982 : *Le Labyrinthe des passions.*

1983 : *Entre tinieblas.*

1984 : *Qu'est-ce que j'ai fait pour mériter ça ?, Dans les ténèbres.*

1986 : *Matador.*

1987 : *La Loi du désir.*

1988 : *Femmes au bord de la crise de nerfs.*

1990 : *Attache-moi.*

1991 : *Talons aiguilles.*

1993 : *Kika.*

1995 : *La Fleur de mon secret.*

1997 : *En chair et en os.*

2002 : *Parle avec elle.*

« *Entre effets spéciaux… et effets rétro, Jean-Pierre Jeunet signe, avec* Le Fabuleux Destin d'Amélie Poulain, *un chef-d'œuvre aussi fantaisiste que touchant. Une rareté.* »

Le Point, 20/04/2001.

JEAN-PIERRE JEUNET

Le Fabuleux Destin d'Amélie Poulain

2001, FRANCE

C'EST BEAU LA VIE, À L'ÉCRAN

Grâce au Fabuleux Destin d'Amélie Poulain*,
le cinéma français est « reboosté »,
son entrée dans le nouveau millénaire est annoncée !
Poème coloré, le film véhicule un message de bonté
qui a su toucher le monde entier.*

Amélie vit en banlieue où le quotidien ordinaire est fait de petits chagrins. Pierre par pierre, ils forment les premières années de sa vie : le voisin lui fait croire qu'elle est responsable d'accidents effrayants, son poisson rouge quitte l'aquarium pour le bassin municipal, sa mère meurt accidentellement sur le parvis de Notre-Dame, et son père voue une mystérieuse passion à un nain de jardin. Plus grande, elle part vivre à Montmartre. Un soir, alors que la télé annonce la mort d'une princesse, Amélie décide de se faire fée. Aidée par le hasard, elle découvre une petite boîte à secrets, cachée derrière le mur de la salle de bains il y a quarante ans, et les dés sont jetés ! Coûte que coûte elle retrouvera son propriétaire et si ça marche, elle jure de faire le bonheur autour d'elle. La sonnerie d'un téléphone public retentit, Dominique décroche et ses yeux viennent se poser sur son ancienne boîte à trésors. Il se met à pleurer. Il n'a pas vu sa fille depuis des années et comme il ne veut pas finir comme cette vieille boîte en fer, il décide à nouveau de lui parler. Par des petits coups de pouce discrets, Amélie enveloppe ceux qui traversent sa vie d'un nuage d'harmonie, réparant les cœurs brisés, consolant

Amélie est serveuse au café *Les Deux Moulins,* à Montmartre. Alors qu'elle découvre une boîte à secrets qui a appartenu à un petit garçon il y a quarante ans, elle prend la décision, pour combler son ennui, de faire le bonheur des autres en favorisant discrètement le destin. Cela prend tellement bien qu'elle en oublie le sien jusqu'à ce qu'apparaisse le beau Nino Quincampoix.

JEAN-PIERRE JEUNET
1953 : naissance à Roanne
de Jean-Pierre Jeunet.
1978 : réalise avec Marc Caro,
designer et dessinateur,
un premier court-métrage
d'animation : *L'Évasion.*
1980 : toujours avec Caro :
Le Manège.
1981 : *Le Bunker*
de la dernière rafale.
1984 : réalise le clip de Julien
Clerc *La Jeune Fille aux bas*
nylon, Pas de Repos pour Billy
Bradko.
1989 : *Foutaises.*
1991 : premier long-métrage
Delicatessen, avec Caro.
1995 : *La Cité des enfants*
perdus.
1997 : part momentanément pour
les USA où il réalise *Alien,*
la résurrection.

les mal-aimés, apaisant les effarouchés et libérant les soumis. À la station Abbesses, elle tombe sur Nino, timide et beau, qui ramasse des photomatons sur le quai du métro. Elle va lui courir après sans se laisser approcher, et l'histoire d'amour devient un parcours fléché. Ils s'embrasseront dans l'embrasure d'une porte après nous avoir fait aimer à la folie Paris et ses pavés.

Bluette pour baby dolls, baume au cœur pour tristounets, berlingot pour baraqués, *Le Fabuleux Destin d'Amélie Poulain* est une fable acidulée qui transforme la grisaille des cartes postales en paysages colorisés, recouvrant tous les écrans de poudre de perlimpinpin et transformant l'iris des spectateurs du monde entier en regard pailleté. Eh oui, les bons sentiments ça peut marcher !

À l'image de cette boîte à trésors qu'Amélie découvre par hasard, le film nous fait pénétrer dans un monde secret et quelque peu désuet. Sans âge, un peu hors du temps, on sait du film qu'il se passe maintenant mais aussi comme c'était dans le temps : il était une fois « C'était mieux avant ! ». Mais avant quoi exactement ? Sûrement avant quand on était des enfants… mais pas complètement puisque dans ce temps-là, pour Amélie, c'était pas réjouissant. Alors, « avant », simplement. Nostalgie pour un temps qui n'a jamais existé, lointains échos des René Clair et Duvivier, celui où les rêves se réalisaient, celui des contes de fées, *Le Fabuleux Destin…* n'a pas besoin d'être connecté à la réalité. Univers fait d'excentriques, d'incongruités, de surprises et de petits miracles. C'est beau la vie à l'écran ! On n'aurait pu ne pas croire à cette vie-là si elle n'avait pas quelque chose à voir avec certaines régions de notre sensibilité, si elle n'avait pas su faire sonner des accents de vérité. Entrez dans le jardin extraordinaire d'Amélie et les mots de Cocteau vous reviennent à l'esprit : « C'est un peu le rôle de l'écran de permettre à un grand nombre de personnes de rêver ensemble au même rêve ». Mais le fleuve du récit n'est pas que gentillet. Il n'y pas que dans l'étal de Collignon que l'on repère la crudité : Amélie a déjà fait l'amour, mais sans amour c'est pas son truc ; l'épicier, le roi de l'humiliation, dit de Lucien qu'il fut « fini au pipi » ; le coït de Georgette fait tout trembler ; pour attirer l'attention de son père Amélie lui raconte n'importe quoi : qu'elle a eu deux attaques, qu'elle a dû avorter parce qu'elle a pris du crack…

Vingt-deux millions de spectateurs ont souri à Amélie et à la drôle de frimousse d'Audrey. « Construire plutôt que détruire, c'est un défi intéressant. J'avais envie à ce stade de ma vie de faire un film qui soit léger, qui fasse rêver, qui fasse plaisir. Le particulier a rejoint le populaire. Pour un metteur en scène, ce succès est le plus beau des cadeaux » avoue Jean-Pierre Jeunet qui grâce à son film a su faire aimer Paris et le cinéma français à un public international. Les Français lui en savent gré. Pluie de louanges et de récompenses dont une nomination aux Oscars pour le meilleur scénario et trois césars (scénario, réalisateur et meilleur film.)

FICHE TECHNIQUE

Romance réalisée par Jean-Pierre Jeunet, 2 heures, couleurs.
Avec : Audrey Tautou (Amélie Poulain), Mathieu Kassovitz (Nino Quincampoix), Rufus (M. Poulain), Lorella Gravotta (Mme Poulain), Derge Merlin (Dufayel), Jamel Debbouze (Lucien), Urbain Cancelier (Collignon), Claire Morrier (Suzanne), Isabelle Nanty (Georgette), Dominique Pinon (Joseph), Clotilde Mollet (Gina), Yolande Moreau (Madeleine Wallace), Maurice Bénichou (Bretodeau), Artus de Penguern (Hipolito), Michel Robin (le père Collignon), Ticky Holgado (les photomatons parlantes), Claude Perron (Eva), André Dussolier (le narrateur).
Scénario : Guillaume Laurant, Jean-Pierre Jeunet.
Photo : Bruno Delbonnel.
Décors : Marie-Laure Valla.
Direction artistique : Volker Schäfer.
Costumes : Madeleine Fontaine, Emma Lebail.
Effets spéciaux : Yves Dornejoud, Alain Carsoux, Jean-Paul Rovela (Duboi).
Son : Vincent Arnardi, Mariella Cavola, Gérard Hardy, Sophie Chiabaud.
Musique : Yann Tiersen.
Montage : Hervé Schneid.
Production : Jean-Marc Deschamp, Arne Meerkamp Van Embden, Clodie Ossard/UGC Images, Le Studio Canal, France 3 Cinéma, MMC Independant GmbH, Filmstiftung Nordrhein-Westfalen.

Crédits photographiques

Coordination éditoriale : Édith Walter
Mise en page : Androuis
Création graphique : Yannick Le Bourg
Conception de la couverture : Alexandre Nicolas